나는 공부하는 엄마다

"서른여섯, 두 아이 엄마…… 임용고시에 합격했다."

나는 공부하는 엄마다

전윤희 지음

이지북
EZbook

"비록 어느 누구도 과거로 돌아가
새 출발을 할 순 없지만,
누구나 지금 시작해
새로운 결말을 만들 수 있다."

—

_카를 바르트

CONTENTS

Part 2 "엄마 공부는 달라야 한다"
고3보다 치열한 엄마 공부법의 모든 것

Chapter.5 Ready!_달리기 직전 몸 풀기

Chapter 6 Run!_합격을 위한 초단기 집중 공부법

Chapter 7 임용고시 합격으로 가는 길

세상에서 가장 쉬운 거절
'나중에'

"**엄마,** 우리도 캠핑카 타러 가면 안 돼?"

둘째 주니가 텔레비전에 나오는 꼬마 친구들이 캠핑카에서 노는 모습이 부러웠나 보다. 나는 언제나 그랬듯 이렇게 대답했다.

"응, 나중에 가자."

그랬더니 갑자기 주니가 눈시울을 붉히며 이렇게 말하는 것이 아닌가.

"맨날 '나중에'라고 하고 안 해주잖아."

어라, 분명 지난번까지는 "나중에 해줄게."라고 하면, "나중에 꼭 해줘."라고 말했던 것 같은데. 생각지 못했던 주니의 반응에 나는 적잖게 당황스러웠다.

사실 그렇다. 중국어 시간에도 "以后再说吧。(나중에 다시 얘기하자)"라고 하는 표현은 '완곡한 거절'이라고 배운다. 내가 아이에게 남발했던 많은 완곡한 거절들을, 아이는 지키지 않은 약속들로 기억하고 있었다는 사실에 너무도 미안한 마음이 들었다. '나중에'라는 표현들로 나는 하루에도 얼마나 많은 일을 완곡하게 거절하며 살아가고 있는 걸까?

수시로 말해왔던 것 같다. "지금은 시간이 없어. 지금은 때가 아니야. 지금은 여력이 없어. 그러니 나중에, 나중에, 나중에……." 문득 이렇게 내 뒤편에 쌓여 있는 수많은 '나중에'가 보이기 시작했다. 사실은 5년 전에도, 2년 전에도, 얼마 전에도, 마치 버퍼링에 걸린 컴퓨터처럼 늘 그렇게 말하고 있지 않았던가. "나중에, 나중에, 나중에."라고.

내가 잠시 망설이고 있는 이 순간에도, 시간은 한 치의 망설임도 없이 흐르고 있다. 내가 그어놓은 어딘가의 '나중에'라는 선이 점점 희미해지고 멀어져, 내가 닿을 수 없는 저 먼발치의 지평선처럼 아득해질지도 모른다. 캠핑카를 사겠다며 돼지 저금통에 동전을 열심히 모으는 둘째에게 캠핑카를 당장 사줄 수는 없어도 캠핑카를 태워줄 수는 있지 않은가. 굳이 '나중에'라는 말로 거절하고 지키지 못한 약속으로 쌓이게 둘 필요는 없지 않을까.

'나중에.'

아이들 덕분에 이 말이 세상에서 가장 쉬운 거절이라는 것을 배웠다. 세상에서 가장 쉬운 거절로 아이들에게 지키지 못하고 쌓아두었던 약속들을 하나하나 다시 지켜나가듯, 나 스스로에게도 '나중에'라고 외치며 미뤄두었던 일들을 하나씩 해나가 보기로 마음먹었다.

꿈을 펼치기 위한 시간 '지금'

아이들은 "엄마는 꿈이 뭐였어?"라고 묻곤 한다. "엄마는 꿈이 뭐야?"라고 묻는 아이는 드물다. 어쩌면 아이들의 눈에 비치는 엄마의 모습은 더 이상 용기를 내어 도전하는, 꿈꾸며 성장하는 사람이 아닐지도 모른다. 분명 엄마도 아이가 색종이로 만든 종이비행기처럼 저 하늘 멀리 날리고 싶은 꿈이 있을 텐데 말이다.

· 많은 엄마들이 나를 찾고 도전하고 싶다는 꿈을 꾼다. 하지만 육아와 일을 병행하는 워킹맘도, 육아에 전념해 내가 없는 전업맘도, 그리고 잘나가던 커리어우먼에서 내 아이를 위해 기꺼이 전업맘으로 변신한 경력단절맘도, 나를 찾는 일에 용기 내기가 쉽지 않은 것은 매한가지다. 그래서 내 시간을 나에게 쓰는 것조차 미안한 엄마들의 용기 있는 도전은 눈부시지만 눈물겹다.

나는 작년에 신규 교사로 발령받은 교사 맘이다. 두 아이의 엄마이자 새내기 교사이고, 늘 새로운 꿈을 향해 도전하는, 아직도 자라나고 있는 어른이다. 교사가 엄마가 되는 과정은 일반적이지만, 엄마가 교사가 되는 경우는 흔치 않다. 그리고 바로 그 점에서 다시 꿈꾸고 도전하려는, 하지만 용기 내기가 쉽지 않은 엄마들에게 들려줄 수 있는 현실적인 경험과 노하우가 있다고 생각한다.

육아와 공부를 병행하는 일은 생각보다 너무 어려웠다. 포기하고 싶은 순간들도 많았다. 적지 않은 실패와 좌절을 경험했고, 이 과정에서 '내가 왜 공부하는 엄마라는 길을 선택했는지'에 대해 치열하게 고민할 수밖에 없었다. 또 시간과 공간, 관계를 잘 활용하여 효율적으로 공부하는 노하우도 얻을 수 있었다.

엄마의 도전이란 그런 것이다. 도전에 용기를 내는 것 자체로 어렵지만, 힘차게 용기를 내어 시작한 도전에는 끊임없는 장애물이 존재한다. 내 주변에도 많은 엄마가 새로운 꿈을 꾸고 도전하지만, 현실적인 장벽에 부딪혀 결국은 시작에 의의를 두고 마는 경우가 있다. 그래서 나의 경험들이 '다시 나를 찾고 도전하고 싶다'고 생각하며 꿈을 꾸는 엄마들에게 희망의 메시지가 될 수 있으리라 믿는다.

'때문에' vs '덕분에'

여전히 나의 하루는 바쁘고 정신없다. 공부할 때도 그랬지만, 선생님이 된 지금의 나는 여전히 바쁘고 24시간이 모자라다. 코로나19 상황에서 엄마의 할일은 더 늘어난 것 같다. 출퇴근길에 아이 열을 재고 자가진단을 챙기고, 등교일에는 학교와 유치원 갈 채비를, 온라인학습일에는 온라인수업 준비를 시켜야 한다. 퇴근 후에는 대부분 엄마의 도움이 필요한 숙제가 한 무더기 쌓여 있다. 몸과 마음의 여유가 없는 나는, 일도 육아도 다 잘 해내지 못하는 하루하루를 허덕이며 살고 있다.

나는 (대부분의 엄마들이 그렇듯) 엄마이기 때문에 포기해야 하는 것들이 이리 많을 줄은 미처 알지 못했던 어리석은 엄마였다. 그러나 나의 두 아이는 존재만으로도 내게 벅찬 행복을 가져다주었다. 그 어떤 것도 내 맘 같지 않은 시간 속에서 '엄마이기 때문에' 지치고 힘들었지만, '엄마인 덕분에' 꿈꿨고, 도전했고, 실패를 딛고 일어서서 꿈에 다가갈 수 있었다.

세상에는 수많은 '때문에'와 '덕분에'가 공존한다. 특별하지 않기 '때문에' 쉽지 않았지만 특별하지 않았던 '덕분에' 열심히 노력할 수 있었던 나의 이야기를 통해 평범한 엄마들이 공감하고 힘을 낼 수 있길 바란다.

내가 엄마가 아니었다면 고이 접어두었던 소중한 나의 꿈을 '지금' 다시 펼쳐볼 수 있었을까? 그 답은 '아니오'라고 생각한다. 그래서 나는 이 책에서 엄마의 도전을 방해하는 많은 장애물에 공감하고, 그럼에도 불구하고 엄마가 도전해야 하는 이유를 설명하며 용기를 북돋고, 내가 몸으로 부딪히며 터득한 고3보다 치열한 엄마의 공부법을 통해 희망의 메시지를 전하고자 한다.

당신을 지금 힘들게 하는 수많은 '때문에'가, 당신이 꿈꾸고, 도전하고, 결국에는 해낼 수 있게 하는 '덕분에'가 될 수 있기를 소망한다. 더불어 '내가 정말 해낼 수 있을까?'라는 생각으로 도전에 용기가 나지 않는 당신에게, 용기를 내어 시작했지만 앞으로 나아가는 한 걸음 한 걸음이 무거운 당신에게 이 책이 '덕분에'가 될 수 있기를.

전윤희

Part
1

엄마라서
해낼 수 있었다

두 아이 엄마,
고시공부 1년 반 만에
임용고시 합격하기까지

엄마,
선생님을 꿈꾸다

워킹맘, 두 아이 엄마······
그래도 선생님이 되고 싶었다

○
●
○

7킬로그램이 빠졌다. 무서운 속도로 급작스럽게. 내가 퇴사를 결심하고 임용고시에 다시 도전하기로 결심한 바로 그해였다. 항상 다이어트 중이라고 떠벌리고 다니긴 했지만, 다이어트고 뭐고 살들조차도 내게 붙어 있기를 거부하고 멀어져가는 기분이었다.

엄마는 나의 아픈 손가락이다. 내가 열여덟 살이 되던 해부터 엄마는 나와 동생을 홀로 키우셨다. 경제적으로도 정신적으로도 오롯이 혼자셨다. 돌이켜 생각해보면, 엄마가 지금 건강하다면 그게 이상한 일이라고 할 정도로 혹독한 시간이었을 것이다.

우리가 엄마의 보호에서 벗어나고, 나도 엄마가 되어 이제는 정말 어른이 된 것 같다는 생각을 할 무렵부터 엄마는 아프기 시작했다. 내가 첫째를 낳았을 때 갑상선 종양 제거 수술을 받으셨고, 뒤이어 뇌에 종양을 제거해야 하는 무서운 수술을 받으셔야 했다. 부위도 좋지 않았다. 다행히 수술은 무사히 잘 끝났지만, 다리의 운동 신경에 문제가 생겨 2년이 넘게 재활병원에 입원해 계셨다.

주중에는 일하고 아이들 돌보고 살림하는 워킹맘 노릇에, 주말에는 엄마를 챙기는 딸 노릇을 하느라 하루하루가 바빴다. 한 주 한 주, 한 달 한 달이 눈 깜짝할 사이에 사라지고 있었다.

나를 위해 희생하고 헌신한 엄마가 있었기에 지금의 내가 있다는 것을 누구보다 잘 안다. 하지만 그래서 엄마의 인생이 없었다는 사실은 늘 내 마음의 짐이었다. 엄마의 인생에, 엄마가 주인공이었던 시간은 얼마나 될까?

엄마가 수술하던 날, 나는 중환자실 앞에서 울면서 결심했다.

"난 절대 엄마처럼 희생만 하면서 살진 않을 거야."

버티고 싶지 않아,
나도 하루하루를 누리고 싶다고!!

육아는 내 몸 하나 건사하기도 힘든 나에게 너무도 벅찬 미션이었다. 전업맘일 때에도, 워킹맘일 때에도 나는 늘 아이들에게 미안하기만 했다. 언제나 죄책감에 가득 찬 죄인과도 같은 마음이었다. 너무나 이해받고 싶은데, 내 맘처럼 나를 이해해주지 않는 남편과 항상 대치상황이었고, 지금까지 살면서 해왔던 수많은 인사보다 더 많은 사과와 감사의 인사들로 바쁜 하루하루였다.

주말부부로 독박육아의 시간도 많았지만 시댁의 도움도, 이모님의 도움도 받았다. 그만하면 든든한 지원군들이 함께하는, 복에 겨운 육아였다. 그럼에도 불구하고 나는 항상 전장의 최전선에서 총알받이가 된 기분으로 하루하루를 보냈다.

사랑스런 아이들은 너무나도 약했고, 나는 내 약한 아이들보다 더 나약한 엄마였다. 남들 다 해내는 육아가 뭐 그리 대수냐, 엄살이 심하다는 말도 들었다. 하지만 내 몸은 이리저리 휘청댔고, 내 마음은 정처 없이 헤매기 일쑤였다. 엄마로서 중심을 잡는 것이 이리도 힘든 일일 줄은 꿈에도 몰랐다.

거짓말 안 보태고 우리 집에는 약 봉투가 끊기는 날이 단 하루도 없었다. 몸과 마음이 건강한 아이들, 몸과 마음이 건강한 나 자신을 꿈꾼다는 것은 사치스러운 욕심 같다는 생각까지 들었다. 나와 아이들은 누가 질세라, 아프고 또 아팠다.

우리는 몸도 약했지만 특히 마음이 예민하고 여렸다. 엄마의 눈에는 아이가 1이 부족하면 100이 부족해 보이는 것 같다고 했던가. 내가 유독 과민한 엄마였을지 모르지만, 아이들이 마음으로 느끼는 부족함을 엄마인 나는 고스란히 느끼고 있었다.

시간이 한참 지나서야 알게 되었지만, 그때 내 눈에 도드라지게 보여서 나를 아프게 했던 아이들의 결핍은 실은 엄마인 나의 결핍이었다.

엄마가 행복해야 아이들도 행복하다고 했다. 그런 의미에서 나는 아이들에게 진정한 행복을 줄 수 있는 엄마가 될 수 있는 여지가 단 1퍼센트도 없었다. 늘 미안하고 또 미안했다. 그래서 어느 날, 나는 결심했다.

"애들아, 엄마 이제 버티기는 플랭크랑 스쿼트 할 때만 하려고."

나를 갉아먹는 너란 존재는
직장이니, 좀벌레니?

나는 워킹맘이었다. 그리고 일하고 있다는 데 늘 감사했다. 나이가 적지도 않은, 회사생활 경력도 없는, 결정적으로 아이 엄마인 나를 받아준 정규직 직장이었다. 나에게 기회를 준 이곳을 감사한 마음으로 군말 없이 다녀야 맞는 상황이었다.

그렇지만 나는 이곳이 내가 있을 곳이 아님을 하루하루 지날수록 더 크게 느꼈다. 이곳에서의 일상이 쳇바퀴 굴러가듯 재미없고 따분

했고 벗어나고 싶었다. 매일 새로운 듯 같은 이야기로 회의를 하고 있는 따분함이 싫었고, 일한 만큼 대우받지 못하는 현실이 싫었다. 맞지 않는 사람과 맞는 척해야 하는 억지스러움이 싫었고, 융통성이라고는 1도 없는 틀에 박힌 일상에 어느덧 적응해가고 있는 내가 싫었으며, 자기계발이라고는 눈곱만큼도 할 수 없고 성장의 기회는 커녕 내가 닳아 없어지고 있음을 느끼게 하는 회사가 싫었다.

회사원들만 이해한다는 기가 막힌 '루틴'이 있다.

월급을 기다린다.

월급 통장의 잔고도 지치고 나도 지칠 때쯤 월급날이 다가온다.

힘을 낸다.

월급이 들어온다.

다시 지치고 힘들어 사직서를 던져버리고 싶을 때쯤이면 월급날이 다가온다.

'이번 달만, 이번 달만' 하다 보면 일 년이 순삭이다.

그렇게 몇 해가 가면 월급이 오르고, 연차도 늘고, 승진도 시켜준다.

이렇게 참 잘도 길들여지는 게 월급쟁이의 삶이다.

물론 내가 있는 이 자리를 꿈꾸는 누군가가 있을 것이고, 내가 꿈에서라도 다시 가고 싶지 않은 그 직장에서도 꿈을 이루며 잘 살아가는 사람들이 있다. 그리고 내가 했던 그 일도, 해보지 않았다면 여전히 꿈에 그렸을 일일 수도 있다. 또 대부분의 사람들이 원하는 직장에서 좋아하는 일을 하면서 살지는 못하는 게 현실이기도 하다. 다 안다. 하지만 내게 의미를 잃은 공간에서 나는 더 이상 견디고 싶지 않았다.

나는 어디에서 더 빛날 수 있는 사람일까? 사치스럽다고 생각될 만한 질문을, 그래도 나는 던져야만 했다. 나는 매일 나를 소모하고 있다는 생각이 들었고, 이렇게 닳고 닳아 내가 소멸하게 될 것이라는 위기감이 들었다. 어쩌다 보니 나는 여기에 있었지만, 아무런 보람도 행복도 느낄 수 없던 내게, 그저 버티기로 지내는 하루하루는 너무 가혹했다. 내 생각은 거기에 다다랐다. 참 다행이었다.

친정 엄마가 퇴사 후 내게 말했다.
"솔직히 회사에 다니는 동안 네 모습은
너무나 위태로워 보였어."
그랬다. 그러니 인형 뽑기에서 인형을 뽑듯,
나를 직장에서 뽑아내줘야만 했다.

도전을 결심하고,
퇴사를 결정하다

○
●
○

"아이들이 커가는 게 좋은데, 아이들이 커가는 게 걱정이야."

친구의 말을 단번에 이해하지 못했다.

"아이들이 커가는 게 왜 걱정이야?"

"아이들이 크면서 내 시간이 조금씩 늘어나는 건 좋은데, 내 도움이 필요 없게 되면 그땐 난 뭘 해야 할까?"

아주 쉽게 이렇게 대답해주었다.

"널 위한 시간을 가져. 운동도 하고, 여행도 가고, 모임도 가고. 하고 싶었던 것들 많잖아."

"그렇지. 그런데 취미생활 말고, 나도 일을 해보고 싶어서."

"정말? 그럼 하면 되지."

"말이 쉽지, 뭘 어떻게 해야 할지 모르겠어. 시작하려고 보니 마땅한 것도 없고. 이렇게 생각만 하다가 또 흐지부지되겠지. 넌 좋겠다. 네 일이 있잖아."

"난 매일 직장 그만두는 꿈을 꾸는데. 어떻게 하면 멋지게 그만둘 수 있을까."

이보다 '공감 능력 꽝'인 대화가 또 있을까? 나는 도전에 용기가 나지 않는 친구의 마음을 헤아리지 못했다. 일을 그만두고 나서야 친구의 말이 무슨 말인지 이해할 수 있었다. 사람은 정말 그 사람의 입장이 되어보지 않고서는 그 마음을 이해하기란 어려운 것 같다. 친구 입장에서는 내 말이 얼마나 배부른 소리 같았을까. 그런데 나는 그때 정말로 직장을 그만두지 못해 다니고 있었다.

내 첫 번째 직업은 학원 강사였다. 가르치는 일도 좋았고, 어느 정도 시간을 자유롭게 쓸 수 있는 프리랜서라는 점도 좋았다. 그런데 아이 엄마가 되고 나니 저녁 시간을 낼 수가 없는 등 이런저런 제약이 많이 따르게 되었고, 자연스레 그만두게 되었다.

두 번째 직장은 교육업계 회사였고, 첫 정규직 직장이었다. 둘째 주니를 낳고 6개월 정도 되었을 때 구직 사이트를 기웃거리다가 눈에 띈 곳이었다. (눈에 띄었다고 하기엔 솔직히 너무 열심히 찾긴 했다.) 일 년 정도는 육아에 전념하려고 마음먹고 있었지만, 집안일과 육아는 정말 세상에서 제일 어려운 일이었다. 어떻게든 나갈 수 있는 명분을 찾고 싶은 게 솔직한 마음이었다.

감사하게도 첫째인 네 살 채니가 다니는 어린이집에서 아직 기지도 못하던 한 살 주니를 받아주셨고, 그렇게 나는 '꿈에 그리던' 워킹맘이 될 수 있었다.

하지만 직장은 겉보기와는 달랐다. 내가 경력이 쌓이는 만큼 배우고 성장할 수 있는 곳이 아니었고, 그렇게 커가는 나를 기대하지도 않았다. 내가 엄마가 아니었다면 그냥저냥 버티고 견디며 다녔을 수도 있었다. 하지만 나는 엄마였다. 엄마인 내가, 아이들 곁에 있어주지도 못하고 많은 것을 포기하면서까지 지켜내야 하는 '나의 일'일까 하는 의문이 매 순간 들었다. 서로의 성장을 기대하지도, 성장이 기대되지도 않는 그곳을 왔다 갔다 하면서 '지금 이 순간, 내가 이곳에 왜 있어야 하는 거지?'라는 생각이 들었지만, 어린 아이를 맡기면서까지 한 결심이었기에 그만두는 것을 결정하기도 쉽지 않았다.

매일 아침 아이들은 어린이집에 가지 않겠다고, 엄마 일하러 나가지 말라고, 갖가지 이유를 들면서 '맴찢' 상황을 만들어냈다. 지금 돌이켜보면 왜 과감하게 일을 그만두고 아이를 선택하지 않았을까 하는 생각이 들지만, 당시의 나에게는 시작하는 용기를 내는 것만큼이나 그만두는 용기를 내는 일이 어려웠다.

열이 펄펄 끓는 아이를 맡기고 정신이 나간 채로 일을 끝내고 귀가하던 날, 채니가 내게 말했다.

"엄마도 다른 엄마들처럼 나 데리러 왔으면 좋겠어. 엄마 일 안 하면 안 돼? 나랑 놀이터도 많이 가고."

대부분의 엄마들도 엄마가 꿈은 아니었을 것이다. 단지 자신의 꿈보다 더 소중한 역할을 충실히 해내기 위해 하루하루 열심히 살고 있을 뿐이다. 엄마가 육아를 하는 것, 집안일을 하는 것, 직장일을 하는 것 모두가 힘든 일이지만, 엄마가 엄마로 사는 것 자체가 가장 힘든 일이 아닐까. 일을 하면서 아이를 돌봐야 했던 나도, 아이를 돌보면서 일을 꿈꾸던 친구도 모두 아이 엄마이기에 힘들었던 거니까.

얼마 전에 공감을 못 해줘서 미안했던 그 친구에게 전화를 걸었다.

"고민하는 순간이 이미 시작인 거래. 진짜 하고 싶은 일을 지금이라도 시작하면 되지 않을까? 할 수 있어, 친구야."

엄마의 전성기는 언제일까?

사실 엄마는 언제나 희생과 헌신이 당연한 존재다. 나의 엄마만 봐도 그렇다. 내가 고등학교 시절부터 엄마 혼자서 나와 동생을 키우셨으니, 두 딸의 엄마로 살아오셨을 뿐 엄마만의 인생은 없었다.

그래서 엄마는 항상 우리에게 이렇게 말씀하셨다. 아니, 누누이 강조하셨다.

"아이를 낳더라도 엄마 말고 너희의 인생을 살아라. 꼭 너희만의 일이 있어야 한다."

"좋은 건 아이에게 양보만 하지 말고, 엄마가 먼저 좋은 걸 먹고 아이들이 그 다음에 먹도록 교육시켜라."

정작 당신은 그렇게 하지 못하셨지만 딸들은 그렇게 살기를 바라셨던 것이다. 희생과 헌신의 대명사가 아니라 자신을 소중하게 생각할 줄 아는 사람으로 살라는 말씀이었다. 그러나 엄마로 사는 것은 상상했던 것 이상으로 너무나 힘든 일이었다.

학창 시절이 좋은 이유는 여러 가지가 있을 테지만, 가장 큰 것은 끝없이 꿈을 탐색하고 그 과정에서 수없이 실패해도 그것이 당연시되고, 오히려 권장되기도 하며, 앞으로의 미래에 도움이 된다고 그 경험을 응원하고 격려해주는 주변의 시선이 있다는 것이 아닐까 싶다. 그런데 어른, 그것도 엄마가 진로를 탐색하고 꿈을 운운하기 시작한다면 어떨까? 사실 대놓고 뭐라고 하는 사람은 없다. 딱히 곱지 않은 시선을 보낼 이도 많지 않다. 그런데도 그 생각을 품는 순간 나는 이미 불안하고 초조하며 눈칫밥 500그릇을 먹은 어른이가 된다.

내가 선생님이라는 꿈을 다시 꾸기 전까지 나의 매일을 필름 되감듯 돌려본다. 결혼하고 엄마가 된 뒤 갑자기 늘어난 나의 여러 역할들 그리고 그 사이에 가려져 돌보지 못했던 나의 꿈에 대해서도 다시 생각해본다.

그리고 드디어. 내가 내 삶의 주인공인 시기, 나의 전성기에 대해 묻는다.

그리고 자신있게 대답한다.

"나의 전성기는 아직 오지 않았다."

진로 탐색 총량의 법칙이라도 존재하는 것일까. 청소년기에 너무 진로 고민을 안 했던 나는, 결국 엄마가 되어 아이들과 함께 진로를 고민하게 되었다. 그리고 그 끝에, '아이들과 더 많은 시간을 보낼 수 있으면 좋겠어.' '내 꿈에 다시 도전하고 싶어.'라는 두 가지 결론에 다다랐다. 마음 한구석에 고이 접어 넣어두었던 '선생님'이라는 꿈을 다시 꺼내는 순간이었다.

내가 엄마가 아니었다면 오히려 그 꿈을 다시 꺼내 들지 못했을 것 같다. 두 아이의 엄마가 되고 나서 나는 정말 다시 간절하게 선생님이 되고 싶어졌다. 아직 오지 않은 나의 전성기를 향해 나아가고 싶어졌다.

나는 용기를 냈다. 그리고 아이들에게도 말해주었다. 너희들이 있어서 가능한 도전이라고.

"얘들아, 엄마는 선생님이 되고 싶어,

채니 주니 엄마라서 더 잘 해낼 수 있을 것 같아.

엄마 응원해줄 거지?"

공부하는 엄마,
엄마를 그리워하던 아이들

○
●
○

삶은 참 공평하지 않은 듯 공평하다. 그리고 공평한 듯 공평하지 않다. 언제나 이것이 있으면 저것이 없고, 저것이 있으면 이것이 없다. 이것이 넘치면 저것은 부족하고, 저것이 넘치면 이것이 부족하다.

이런 삶의 이치가 맘에 들지는 않아도 이해는 된다. 모든 걸 다 갖지 못해야 그것을 위해 노력하게 될 테니 말이다. 이런 삶의 이치 덕분에 내가 하루하루 더 자라고 있다. 인정하기는 싫지만 부정할 수 없는 사실이다.

내가 직장에 다니는 엄마일 때는 경제적으로 하고 싶은 것들을 더 해줄 수 있었고, 퇴근 후 아이들과의 짧은 만남을 소중하게 생각하는 엄마였다. 그러나 옆에 늘 있어주지 못해 맘 아프고 아이들이 안쓰러웠고, 의도치 않게 놓쳐버린 행사나 준비물, 아이가 필요한 것들 때문에 미안했다.

내가 전업맘일 때는 늘 곁에 있어줄 수 있었고, 아이가 필요한 것들을 세심하게 챙겨줄 수 있는 엄마였다. 하지만 경제적으로 하고 싶은 것들을 다 해주기 힘들었고, 함께하는 시간의 소중함을 모르고 곁에 있으면서도 함께해주지 않을 때가 많아 미안했다.

완벽한 엄마를 꿈꾼 적은 없다. 그저 부족한 부분을 채우려 노력하는 엄마가 되고 싶었고, 그래서 하루하루 더 좋은 엄마가 되려고 애썼다.

그런데 '공부하는 엄마'의 현실은, 이 작은 노력들조차도 허락하지 않았다. 나는 공부하는 엄마가 되면서 시간적으로도, 경제적으로도, 정신적으로도, 모든 게 부족한 엄마가 돼버렸다. 그리고 그 부족함을 채우려고 노력하는 것조차 힘든 엄마가 될 수밖에 없었다.

엄마들이 공부를 하고 도전을 하기가 힘든 이유는 여러 가지가 있겠지만, 가장 힘든 이유는 바로 내 아이와 오롯이 보내도 아까운 시간을 다른 부분에 써야 하고, 육아만으로도 힘든 체력을 비축해야 하며, 아이들에게만 써도 부족한 돈을 '내 공부'를 위해 투자해야 한다는 사실일 것이다.

언제 어떤 장벽에 부딪혀 포기하게 될지 모른다는 현실, 그리고 아이가 아닌 나를 위해 투자한 시간, 공간, 돈, 체력을 보상받을 수 있는 가능성이 희박하다는 사실…… 이렇게 나열하다 보니 엄마가 공부하는 데는 넘어야 하는 장애물이 왜 이리 많은지, 난이도 최상의 게임 같다는 생각이 든다.

그럼에도 불구하고 겁도 없이 나는 시작했다. 엄마의 임용고시 공부를. 지금이 아니면 다시는 이 힘든 일에 뛰어들 용기가 나지 않을 것 같았다. 그때 했어야 했다는 후회가 남을지도 모르는 일이었다.

보인다보인다 눈치가
재밌다재밌다 공부가

공부가 육아보다 더 나은데? 믿기 힘든 이야기일 수도 있고, 누군가는 재수없다는 표현을 날릴 수도 있겠지만, 막상 공부를 시작하자 '내가 이런 호사를 누려도 되나?' 하는 생각이 들었다. 내가 맡은 여러 가지 다른 역할들에 너무도 지쳐 있었던 터일 수도 있고, 제대로 다시 시작하는 공부가 오랜만이어서였을 수도 있고, 막 시작했을 무렵이 유난히도 날이 좋은 가을이어서였을 수도 있다. 이유야 어찌 되었든 난 공부를 아주 재미있게 시작했다.

그런데 공부를 하면서 내가 풀고 있는 문제들의 답만 보이는 것이 아니었다. 그만큼의 눈치도 보이기 시작했다. 독박육아에 지친 남편, 육아를 돕는 시댁의 눈치가 보였다. 엄마의 빈 공간을 느끼는 아이들에게 눈치가 보였고, 제때 과제를 제출하지 못해 학원 선생님께 눈치가 보였고, 육아 핑계를 대며 내 분량을 해내지 못해 스터디 멤버들에게 눈치가 보였고, 한다고 하는데 제자리걸음인 내 모의고사 점수에 나 자신에게도 눈치가 보였다.

아무도 시키지 않은 일이었다. 내가 좋아서 시작했고, 힘들다고 징징댈 이유도 없었다. 한숨 섞인 푸념을 늘어놓을 수도 없었다. 그렇게 힘들면 안 하면 되니까. 그렇게 눈치가 보인다면 엄마 역할 다 해가면서 공부를 하면 되니까. 아니, 그럴 수 없기 때문에 힘든 것이다.

육아를 할 수도 없고 안 할 수도 없고, 공부를 할 수도 없고 안 할 수도 없고. 공부하는 시간이 좋다고 해서 모든 역할을 나 몰라라 하고 공부만 할 수도 없는 노릇이었다. 육아를 하면 공부는 힘들어진다. 그렇다고 육아의 모든 것을 놓을 수는 없다. 아무리 남편과 시댁의 도움을 받는다 해도 결국은 엄마가 해내야만 하는 엄마의 몫이 있다.

게다가 나는 주말부부였다. 도움을 받아도, 내가 감당해야 하는 부분들이 많을 수밖에 없었다.

엄마의 공부는 하면 할수록 외롭고 괴롭고 힘들었다. 응원을 받기는 하지만 온전한 응원만 받을 수는 없었다. 힘든 현실임에도 도전할 수 있는 것에 감사하며 공부를 해야 했다. 내가 너무 이기적인 건 아닌가 하는 생각이 끊임없이 스스로를 괴롭히고, 시간도 없고 체력도 바닥나고 인내심의 한계를 시험하는 상황 속에서 '정말 하고 싶다, 할 수 있다, 해야 한다'라는 마음 없이는 절대로 지속하기 어려운 것이 바로 엄마의 공부였다. 해본 사람들은 알 것이다.

공부 시작 초기에 들었던, '공부가 육아보다 낫다'는 나의 오만한 생각은 공부도 육아도 어느 하나 쉽지 않은 상황 속에서 꼬리를 내렸다. 엄마의 공부는 참, 하지 않아도 되는, 도저히 할 수 없는 이유가 너무나 많다는 사실 앞에서 공부하는 나는 참으로 작고 나약하기만 했다.

공부하는 엄마를 둔
아이들 나름의 적응기

"엄마, 이번 운동회에는 와줄 꺼지?"

나는 아이들이 나 없이도 아빠랑 너무 잘 지내고 있는 줄 알았다. 들로 산으로, 계절을 만끽하며 신나게 놀러 다니면서 찍은, 환한 미소가 담긴 예쁜 사진들과 함께 잘 지내고 있다는 메시지를 받으면 엄마가 함께하지 못하는 주말이 미안하긴 했지만 그래도 너무 잘 지내주고 있는 가족들에게 감사하기도 했고, 때로는 부럽기까지 했다.

그런데 운동회에는 와줄 거냐는 아이의 간절한 질문에, 현실은 내 생각과 다름을 단번에 느낄 수 있었다. 아이들은 엄마가 그리웠고, 내가 없이 다녔던 여행 속의 환한 미소 뒤에는 엄마를 향한 기다림이 있었던 것이다.

채니 유치원에서 하는 채니 생의 첫 운동회. 나에게도 채니에게도 의미 있는 행사였다. 당연히 엄마도 갈 거라고 대답해주고 싶었다. 하지만 그럴 수 없는 상황이었다. 중요한 모의고사가 있는 날이었기 때문이다.

"채니야. 엄마 못 갈 것 같아. 대신 아빠랑 할머니 할아버지 모두 가실 거야."

채니는 울상을 지었다.

"지난번에 유치원 공개수업에도 엄마만 안 왔잖아. 마트놀이 때도 안 왔고. 다른 엄마들은 다 왔단 말이야. 내가 운동회에 엄마 온다고 자리도 만들어놨는데."

엄마 대신 아빠가 있고, 할아버지 할머니도 계시니 충분하다는 생각은 내 착각이고 안이함이었다. 뭐라고 대답해줘야 할지 말문이 막혔다. 생각은 정지되었다. 엄마 없이 '생애 첫 운동회'를 맞게 된 우리 꼬맹이.

운동회 날, 잠든 아이를 바라보며 얼마나 많은 생각이 오갔는지 모른다.

"채니야. 엄마는 너와 함께 달리고 있었어. 그리고 누구보다 널 응원하고 있었어."

아이들의 적응력은 참 뛰어나다. 엄마인 내가 함께해주지 못하는 일상에 적응하는 아이들을 보고 있노라면, 그 적응력이 대단하다 못해 무섭기도 하고, 그래서 또 미안하다.

공부하러 가는 엄마가 익숙해지고, 응원까지 해준다. 함께해주지 못해 미안하기만 한 엄마에게 괜찮다고 토닥토닥 위로를 건네기도 하고, 열심히 해서 다음번에는 같이 놀자고, "엄마는 할 수 있어!"라고 새로운 목표를 던져주면서 응원을 날리기도 한다.

사실 아이들이 목소리 높여 외치지 않아도
나는 안다. 아이들의 적응이 바로
나를 향한 응원이라는 것을.
"엄마, 괜찮아. 공부 더 열심히 해!"

첫 임용고시 실패,
그리고 재도전

○
●
○

최종 합격자 명단에 없습니다.

또는

최종 합격을 진심으로 축하합니다.

혹시 경험해본 독자가 있는지? 몇 글자 차이도 안 나는 이 두 문장이 갖는 힘이란 실로 크다. 물론 서로 다른 힘이다.

나는 운이 좋게도(?) 이 두 문장을 모두 만나보았다. 한 놈은 칼날처럼 서늘했고, 한 놈은 마시멜로처럼 달콤했다. 두 번 다 눈물이 났다. 아마도 한 번은 너무도 차가웠고, 한 번은 너무도 따뜻했기 때문일 것이다.

내가 엄마가 되어 임용고시에 도전한 첫해, 짧은 준비기간에도 운 좋게 1차 시험에 합격했다. 물론 커트라인에 아슬아슬 걸쳐 있는 점수였기 때문에 면접을 상당히 잘 봐야 하는 상황이긴 했지만, '설마 내가 면접에서 떨어지겠어?'라는 건방진 마음과 함께 예상 문제에 대한 답변을 달달 외운 것으로 '만반의 준비'를 마쳤다고 자만한 채 시험장에 입장했다. 면접을 보고 난 뒤 느낌도 나쁘지 않다고 생각했다. 집단토의, 수업 실연, 중국어와 한국어로 이루어진 심층 면접에서 모두 '이 정도면 그래도 합격하지 않을까' 예상했다. 대체 무슨 '근거 없는 자신감'이었는지 모르겠지만, 90퍼센트는 합격이라고 생각했었다.

최종 합격을 넘본다는 것은 1차 시험을 통과했다는 이야기이고, "1차 합격을 진심으로 축하합니다."를 거쳐 최종 합격자 수의 1.5배수 안에 들었다는 이야기다. 들뜨지 않으려 마음을 아무리 다잡아도, 합격 그리고 꿈에 그리던 선생님이라는 직업이 거의 다 잡은 고기처럼 느껴진다. 그러다가도 0.5배수는 떨어져야 하는 일이니 '떨어질 것 같아'와 '설마 내가 떨어질까'라는 두 마음 사이에서 하루에도 수백 번씩 심장이 쫄깃해지면서 최종 발표의 순간만을 기다린다.

최종 합격자 명단에 없습니다.

결과는 나머지 10퍼센트에서 나왔다. 정말 10퍼센트도 예상하지 못했던 결과였다. 어떻게 해야 할지 알 수 없었다. 이 결과를 어떤 멘탈로 받아들여야 할지 몰랐다는 것이 정확한 표현일 것 같다. 그렇다고 또 그렇게 괜찮지 않은 것도 아니었는데, 내 주변 사람들은 나보다 더 괜찮지 않았던 것 같다. 다시 견뎌야 하는 1년의 시간, 그리고 그 속에 고스란히 놓여야 할 우리 가족이 안쓰러워서였을 것이다.

시아버지께서 "한 번 더 해보지."라고 무심한 듯 격려해주셨다. 친구들과 동생은 "기간이 너무 짧았잖아. 원래 내년 시험 준비하려던 거 아니었어?" "1차 합격도 대단한 거지. 1년 더 하면 무조건 합격하겠네."라며 위로해주었다.

엄마 괜찮아,
다시 시작해

헌데 이런 고마운 위로와 격려를 받으며 더 절실히 느끼게 되었다. 선생님 문턱까지 간 것 같았는데, 결국 아무것도 없는 무의 상태로 되돌아온 것이다. 나는 일 년을 더 '엄마 고시생'이라는 이름으로 살아야 했다. 점점 더 무너지기 시작했다. 일 년을 더 한다고 합격이 보장되는 것도 아니었다. 1차 합격을 무의 상태로 돌려버리는 임용고시라는 시험 제도가 원망스럽기까지 했다. 함께 준비했던 사람들의 합격 소식에는 귀를 닫고 싶었고, 불합격 소식에 위안을 받는 나를 보며 더 큰 자괴감에 빠지기도 했다.

그 어떤 누구의, 그 어떤 말로도 위로가 되지 않는 상황이 있다. 하지만 나는 시간에 기대어 그 상황을 잘 버텼고, 다시 도전하기로 마음먹었다. 이따금 궁금해지긴 한다. 그때 "엄마, 괜찮아. 다시 공부 열심히 해."라고 말해준 나의 딸들은 엄마의 재도전을 어떤 감정으로, 어떤 생각으로, 어떤 무게로 받아들였을까?

포기하지 않고 다시 도전해보겠다고 결심한 뒤 남편이 SNS에 올린 글을 보게 되었다. 그 글에 살포시 '좋아요'를 누르면서 쓴 엄마의 댓글과 함께. 묵묵히 나를 지탱해주고 있는 가족의 힘이 느껴지는 순간이었다.

실패 뒤에 찾아오는 상실감은
실현 가능성이 희박한 꿈에 대한 도전을
포기하게 만든다.
담대한 희망을 품는 사람들은

그러한 상실감과 두려움을 이겨낼 수 있는

힘을 가진 사람들이다.

괜찮다.

꿈을 갖고 그것에 도전한 것 자체만으로도,

당신은 이미 위대하다.

당신의 소중한 꿈이 언젠가는

만개하는 꽃과 같이 완성될 것이라 믿는다.

실패는 성공으로 가는 길에
잠시 쉬어가는 길

"최종 합격을 진심으로 축하합니다."

그리고 일 년 뒤, 드디어 이 문장을 마주할 수 있었다.

물론 일 년을 더 공부한 것 치고는 1차 필기시험 성적이 지나치게 커트라인에 가깝기는 했지만, 그래도 그 순간 다시 도전할 용기를 내지 않았더라면 지금의 내 모습은 없었을 것이다. 이제야 할 수 있는 배부른 소리긴 하지만, 그때 그 순간이 있어서 나는 더 단단해졌고, 힘든 상황을 마주했을 때 그것을 걸림돌이 아닌 디딤돌이라고 생각할 수 있는 힘을 키울 수 있었던 것 같다.

만약 그때 실패를 겪지 않고 한 번에 합격했었더라면, 나는 가르치는 일의 소중함과 실패를 이겨내는 용기를 배우지 못했을 것이다. 인생에 필요하지 않은 순간은 없다. 합격의 순간, 나는 나 자신에게 이렇게 말해주고 싶었다. "너무 수고했다. 너무 잘 버텼다."

지금 걸림돌에 걸려 넘어진 느낌이 든다면,
다시 그 돌을 딛고 일어나보는 것은 어떨까.
어떤 말로도 위로가 되지 않는 상황이라면,
이 순간조차 단단해지고 있는 나에게
집중해보는 것은 어떨까.
포기하지 않고 이겨내면 내가 마주하는 상황이
분명 달라져 있을 것이다.
내가 꿈에 그리던 그 장면과
마주하는 날이 오게 될 것이다.

고시 패스,
그 벅찬 감격의 순간

○
●
○

간절히 꿈에 그리던 순간이었다. 공부하는 내내 그리면서 상상했던 순간. 합격을 하고, 두 아이의 엄마로서 당당하게 해냈다는 합격 수기를 발표하는 그 순간. 나를 위해 물심양면 도와준 가족들에게 기쁜 소식을 전하는 그 순간.

합격 여부는 인터넷을 통해 확인할 수 있다. 시도교육청 사이트에서 정확히 오전 10시에 발표한다. 접속 인원이 많아 바로 결과를 확인할 수 없었던 1차 시험과는 달리 2차 시험 결과는 접속 지연으로 확인이 늦는 경우가 거의 없다. 수험번호와 비밀번호를 입력하고 확인 버튼을 누르면 바로 결과를 확인할 수 있다.

지금 이 과정을 적으면서도 그때의 기억이 떠오르면서 긴장이 되는 걸 보면, 합격 여부를 확인하는 일 앞에 떨지 않을 수 있는 사람이 있을까 싶다. 너무나 간절히 원했던 결과였기에 대범할 수 없었고, 이번에 안 되면 또다시 일 년을 기다려야 도전할 수 있는 기회가 생긴다는 사실 때문에 두려움이 커질 수밖에 없었다. 차마 화면을 눈 뜨고 바라볼 수조차 없는 긴장감 속에 겨우겨우 실눈을 뜨고 확인한 나의 최종 결과는 '합격'이었다.

남편, 엄마, 동생, 시부모님, 나를 응원해주었던 친구들, 함께 공부했던 스터디원들, 강사님…… 머릿속에 떠오르는 모든 사람들에게 이 기쁜 소식을 알렸다. 일 년 전 이때도 같은 과정이었다. 다만 그때는 불합격의 소식을 전하고 위로받기 위해서였고, 지금은 합격 소식을 전하고 맘껏 축하받고 기쁨을 함께하기 위해서였다는 점이 달랐다.

어렵사리 용기를 내어 도전했고, 할 수 있다고 하루에도 수천 번을 되뇌고, 무너지고 또 무너지는 상황 속에서도 꿋꿋하게 버티고 버텨 이 시간까지 왔다. 이 순간만큼은 힘들었던 시간과 마음에 대한 보상과도 같았다.

정말 하고 싶었고, 할 수 있다고 믿고 싶었다. 그러나 진짜 해낼 수 있을지는 의문이었던 것이 사실이다. 그런데 정말 이 순간이 오다니, 실감이 나지 않았다. 응원하고, 같이 노력해주고, 마음으로 나와 함께 온 힘을 다했던 나의 가족들이 가장 먼저 떠올랐다. 누가 뭐래도 우리는 팀이었다. 꿈에 다가서기 전 심장이 터질 것만 같던 순간, 그리고 꿈에 다가선 꿈같은 순간을 우리는 모두 함께했다.

꿈을 이룬 엄마의 뒷이야기

그리고 3월 2일, 우리는 모두 입학식에 가게 되었다. 함께가 아니라 모두 따로. 나는 기쁨을 만끽할 새도 없이 합격자 발표 후 한 달도 채 되지 않아 발령받은 중학교의 교사로 입학식에 참석했고, 첫째 는 유치원생 티를 아직 벗지 못한 채 자기 몸만 한 책가방을 멘 초 등학생이 되었으며, 둘째는 익숙하던 어린이집을 벗어나 낯선 공 간에서 유치원생이 되었다. 모두가 새로 시작한다는 설렘과 긴장 감을 안은 채 각각 다른 공간에서 새로운 출발선에 서 있었다.

내가 꿈을 이룬, 짧다면 짧고 길다면 긴 그 시간 속에서 아이들은 너무도 많이 자라 있었다. 한동안 나는 "어머, 이것도 할 줄 알아?" 라는 말을 달고 살았고, 내 기억 속 아이들의 어린 모습은 이제 동영 상 속에서만 존재했다. 아이들이 자라는 동안 늘 곁에 있기는 했지 만, 그래도 함께하지 못했던 것들에 미안해지는 순간들이 많았다.

아이들이 자라면서 엄마인 나의 역할이 바뀌었다는 것도 느낄 수 있었다. 내가 항상 옆에서 보살피면서 돌봐주고 나 없이는 안 될 거라 생각했던 부분들도 이제 내 도움 없이도 꽤나 잘 해내는 것을 보면서 대견하기도 했지만 그 모습이 왠지 마음이 쓰이기도 했던 것이 사실이다.

나와 내 엄마를 떠올려보았다. 나 역시, 엄마의 돌봄과 보살핌이 필요한 어린 시절부터 사랑과 지원이 필요한 시절을 거쳐 지금은 조언과 관심이 필요한 순간을 보내고 있다. 첫째에게 해줘야 하는 엄마의 역할과 둘째에게 해줘야 하는 엄마의 역할이 다르다는 것을 배워간다. 아마 또 몇 년 후가 되면 아이들에게 필요한 엄마의 모습과 역할이 또 변해 있을 것이다.

엄마인 내게도 준비가 필요한 이유다. 아이가 늘 영아나 유아가 아니듯, 나도 늘 영아의 부모가 아니고 유아의 부모가 아니며 초등학생의 엄마가 아닐 것이기 때문이다. 아이들이 성장하는 만큼 함께 자라는 엄마가, 나는 되고 싶다.

꿈은 항상 있어야 한다. 꿈을 이뤘다고 꿈이 없어지는 건 아니다. 만약 그렇다면 움직임을 멈춰 녹슬기 시작한 자전거와도 같다. 무언가를 이룬 그 다음, 무언가를 얻은 그 다음에 밀려오는 안일한 마음이 사실은 나를 가장 나태하게 만들고 길을 잃게 할 수도 있다.

물론 충분히 즐길 시간도 필요하다. 하지만 내가 원하는 바를 새롭게 하고 그 새로움을 위해 또 노력해가는 일은 더 나은 나를 위해 반드시 필요하다. '전성기를 찍었다'는 말은 아껴두어야 '아직 오지 않은 전성기'를 위해 계속 노력할 수 있지 않을까? 그래서 또 찾아가는 것이다. 나의 새로운 꿈과 새로운 전성기를.

합격하고 가장 좋은 것은 월화수목금금금이 월화수목금토일이 되었다는 것이다. 어떤 사람들에게는 당연한 일상이, 그렇지 않은 사람들에게는 너무도 소중한 것일 때가 있다. 공부를 하는 사람이라면 가장 힘든 것 중 하나가 바로 '쉬는 순간도 쉬는 게 아니'라는 점이다. 분명 쉬고 있는데, 영화를 보고 공원에서 바람을 쐬고 있는데 내 머릿속은 '공부해야 하는데'로 가득하다. 그리고 '엄마 공부러'라면 거기에 하나가 더 붙는다. '아이들은 잘 있나.'

그래서 나는 시험에 합격한 후 쉬는 날이 정말 쉬는 날이 된 게 가장 좋다.

"임용 시험을 보던 날 첫눈이 내렸었지.
엄마는 교실에서 시험을 보고,
너희들은 운동장에서 눈사람을 만들고 있었어.
우리 가족 눈사람을 만들면서
엄마를 응원해준 너희들 덕분에 엄마는 힘이 났어.
앞으로 눈이 펑펑 내리는 날은
엄마도 꼭 함께할게, 눈사람 만들기."

Chapter 2

엄마의 도전을 방해하는
다섯 가지 걱정거리

의지 :
시작도 하기 전에 밀려오는 포기의 유혹

○
●
○

살면서 달콤한 유혹, 달콤한 기회는 적잖게 찾아오는 것 같다. 다만 기회란 녀석은 앞머리만 있고 뒤통수는 대머리여서 지나간 후에는 절대 잡을 수가 없을 뿐이다. 혹시 지금 이 순간조차도 시작의 계기를 애써 눈감아 놓치고 있는 건 아닐까? 그럴듯한 이유를 대서 '하지 않는 것이 아니라 할 수 없는 것'이라고 생각하고 있는 건 아닐까?

지금 내가 가장 있고 싶은 곳은 어디일까? 베란다 창고 안에 넣어둔 오래된 일기 속에 잠자고 있는 내 꿈은 무엇일까? 그때 내가 가장 있고 싶었던 곳은 어디였을까? 아직도 그 꿈이 나를 설레게 한다면, 그렇다면, 다시 한 번 나 자신에게 진실해보는 건 어떨까?

나의 첫 번째 회피
: 난 지금 바쁘고,

교육대학원을 졸업하는 해에 논문을 마무리하면서 석 달 정도 공부한 후 첫 임용고시를 치렀다. 결과는 물론 전혀 아쉽지 않은 점수로 낙방이었다. '나의 길이 아닌가 보다'라는 마음으로 취업을 했다. 학원 강사로, 테스트 개발원으로 줄곧 교육 관련 일을 하긴 했지만, 마음 한구석에 늘 '임용고시, 다시 도전해볼까?' 하는 생각이 자리잡고 있었던 것 같다.

서점에서 임용고시 공부에 대한 책들에 눈이 가는 것이 우연은 아니었을 것이다. 하지만 간헐적 잔머리 천재가 이럴 때 어김없이 등장한다. 일은 얼마나 바쁘고, 결혼과 육아에 찌든 나의 심신이 공부 스트레스로 더 안 좋아지면 어쩌나 하는 생각도 든다.

결국은 갖가지 이유와 상황이 따르지 않으니, '나는 안 하는 게 아니라 못하는 거야.'라며, 이렇게 다시 시작의 계기를 못 본 채 눈을 감는다.

나의 두 번째 회피
: 난 지금 엄마이고,

친한 친구가 임용고시에 합격했다는 연락을 받았다. 늘 내게는 선의의 자극을 주는 고마운 친구다. 친구가 잘되면 배가 아프다는 말이 있다. 물론 배까지 아파보지는 않았지만(내 복통의 이유가 분명 친구 때문은 아니라고 생각했기 때문일 수도 있겠지만), 머리가 복잡해지는 건 부인할 수 없는 사실이다.

이럴 때 어김없이 등장하는 것이 바로 '나는 애 엄마인데'라는 생각이다. 엄마는 시간과 공간, 몸과 마음과 정신, 모든 것들을 아이와 함께 나눠야 한다. 분명 나는 내 인생을 살고 있지만, 나의 계획조차 내 마음대로 세울 수 없는 존재가 바로 엄마다. 그리고 그 점이 아주 훌륭한 핑계가 되곤 한다. '나는 절대 날 위해 공부하고 내 미래만 생각하는 이기적인 엄마가 아니야.'

이렇게 또 잘 놓쳤다. 나의 재도전의 기회를.

세 번째 회피
: 난 지금 퍼펙트한걸

'정신승리.' 내가 좋아하는 중국의 루쉰이라는 소설가는 그의 소설 『아큐정전』에서 이 표현을 사용했다. 겉으로 보기에는 '정신으로 이긴다'라는 꽤나 근사한 말 같지만, 실제로는 지금 놓인 현실을 모면하고 자책감에서 벗어나기 위해 자신이 한 행동 혹은 상황을 정당화한다는, 자기 합리화와 같은 뜻으로 쓰인다. 속뜻을 생각해볼수록 슬픈 표현이다.

가끔은 도전하고 싶은데 성공할 가능성이 없어 보여서 피하고 싶은 경우가 있다. 혹은 여러 가지 이유로 나의 상황을 핑계 삼아 정당화할 때가 있다. 그리고 지금 상황이 충분히 괜찮은 척, 이게 최선인 척하게 되는 때도 있을 수 있다.

나도 그랬던 것 같다. 도전을 안 하면 안 했지, 한다면 성공하고 싶었다. 지금의 상황이 내가 할 수 있는 최선이라고 생각하고 싶었다. 그래서 정신승리자를 자처했다. 나는 지금도 충분히 괜찮아. 내 직장도 충분히 만족스러워. 내 아이들도 지금의 엄마면 충분해. 이런 생각을 하면서 또 잘 만들어놓았다. 새로운 도전을 안 해도 되는 이유를.

그들만의 이야기가 아닌
우리들의 이야기

네 명의 친구가 모였다. 그중 한 친구가 다이어트로 8킬로그램을 뺐다고 한다. 나머지 친구들이 정말 대단하다며 방법을 묻는다.

A : 듣고는 있지만 속으로 생각한다. '운동할 시간은 없고, 다이
　어트 식단 안 해본 것 아니고, 아이들이 남긴 잔반 처리는 내
　몫인걸. 다이어트는 남 이야기지 뭐.'
B : 유명 강사의 강의를 듣는 것처럼 경청한다. 집에 가서 꼭 운
　동도 하고 식단을 조절하겠다고 다짐한다. 헌데 실천이 녹록
　지 않다. 다음 모임에 똑같은 모습으로 나타난다.
C : 살 빠지고 예뻐진 데다 건강해 보이는 친구의 모습에 부러움
　이 샘솟는다. 다이어트 계획을 세운다. 열심히 노력해서 다음
　모임에 변화된 모습으로 나타난다.

같은 상황 속에 있었지만 모두 다른 반응을 보인다. 엄마들 사이
에서 가장 흔하게 나누는 주제 중 하나인 다이어트에 대한 이야기
를 예로 들었을 뿐, 각각의 상황을 받아들이는 마음자세는 이리도
다양할 수 있을까 싶을 정도로 사람마다 다르다. 매일 쳇바퀴 도는

것처럼 반복되는 일상 속에서 이루어지는 수많은 대화와 경험들. 그 가운데 혹시 문득 내 마음을 움직이고 내 가슴을 뛰게 하는 무엇인가가 있지는 않았을까?

그런 게 있었다면, 절대로 그냥 넘기지 않았으면 좋겠다. 나와 상관없는 다른 이들의 이야기로 치부하지 않기를 바란다. 책이나 영화에 나오는 도전과 성공 스토리는 그들만의 이야기가 아니라 나의 이야기가 될 수도 있다. 아이 교육을 위해 공부하는 엄마도, 재취업을 위해 공부하는 엄마도, 나를 찾기 위해 공부하는 엄마도 모두, 그 바쁜 와중에 시작의 기회를 놓치지 않고 용기를 낸 순간 마음속에 이런 말풍선이 그려졌을 것이다.

"나도 그 이야기의 주인공이 될 수 있어.

당신들의 이야기가 아닌,

우리들의 이야기가 될 수 있어."

자신감 :
'하고 싶으면 해봐'에 대한 다양한 해석

○
●
○

"친구야, 나 임용고시 도전해보려고."

"그래, 하고 싶으면 해봐."(응원하긴 한다만, 할 수 있겠어?)

"엄마, 나 임용고시 도전해보려고."

"그래, 하고 싶으면 해봐."(힘들 것 같은데, 하고 싶은 건 하고 살아야지.)

"여보, 나 임용고시 도전해보려고."

"그래, 하고 싶으면 해봐."(어려울 것 같은데, 하고 싶은 거 말리면 화낼 거잖아.)

"딸, 엄마 임용고시 도전해보려고."

"그래, 근데 그거 하면 뭐 주는데?"(좋은 거야? 맛있는 거 줘?)

물론 엄청난 환호와 박수갈채를 기대한 건 아니었다. 나도 양심은 있으니까. 내가 공부에 도전한다는 것은 다른 가족들의 양보와 희생을 요구하는 것이며, 어쩌면 선언이 아니라 부탁을 해야 하는 상황일 것이다. 하지만 정말 엄청나게 고민하고 최대한의 용기를 끌어 모아 내린 결정인데, '하고 싶으면 해봐'가 끝이라니. 나는 그때부터 이 말의 뜻을 열심히 해석하기 시작했다.

"해서 되겠니? 어디 한번 해보든가."

"꼭 해야 되겠니? 그렇다면 말릴 순 없지."

"하고 싶다는 얘기가 나오니? 소는 누가 키우고, 애는 누가 보라고."

생각을 이어나가다 보니 '하고 싶으면 해봐'라는 간단한 문장의 속뜻은 마치 눈덩이 굴리듯 확장돼갔다. 분명 해보라고 했는데, 하지 말라는 얘기처럼 들리는 마법 같은 일이 벌어진다. 왜 그랬을까? 말투가 부정적이었을까? 대화의 맥락을 내가 잘라먹고 이해한 건가?

지금 생각해보면 그건 '내가 정말 잘할 수 있을까?'라는 의문 때문이었던 것 같다. 나조차도 내가 해낼 수 있을지 의문이 드는데, 다른 사람의 반응이 순수한 응원이나 지지로 들릴 리가 없었던 것이다. 만약 그때 '난 정말 해낼 수 있어'라고 생각했었다면 아마도 이렇게 답할 수 있었을지도 모른다.

"고마워, 응원해줘서."

근데 내가 과연, 진짜,
해낼 수 있을까?

'시작의 계기를 눈감고 놓쳐버리지는 않으리라'라는 생각으로, 더 이상 상황을 회피하지 않고 용기를 내 공부를 시작하기로 마음먹었다. 그런데 상황을 피하지 않고 마주선다는 것은 걱정 해소가 아니라 또 다른 걱정의 시작이었다. '근데, 나 정말 해낼 수 있을까?'

내가 대학원을 졸업하던 해의 중국어 교사 임용시험의 경쟁률은 60대 1이었다. 60명 중에 59명을 제쳐야 하는 무시무시한 경쟁률이었다. 시험을 딱 한 번 본 후 내 길이 아니라고 선언한 건 이 경쟁률과도 무관하지 않았던 것 같다. 다시 도전하기로 한 임용시험. 경쟁률은 전보다 많이 낮아지긴 했다. 그래봐야 20명은 제쳐야 하는 여전히 무서운 경쟁률이기는 했지만.

하지만 그때와 달라진 것은 경쟁률만이 아니었다. '저들'과 경쟁을 해야 하는 건 두 아이의 엄마인 나였다. '저들'은 막 졸업해서 배운 내용이 아직 머릿속에 꽉 차 있는, 공부 시간이 일정량 확보된, 체력도 나보다 열 배는 더 좋은, 결정적으로 엄마가 아닌 학생들이었다. 시작을 마음먹는 것도 힘들었지만, 불쑥불쑥 시도 때도 없이 '근데, 나 정말 해낼 수 있을까?' 하는 의문이 들었다. 이 의문을 없애고 자신감을 높여가는 시간이 필요했다. 지금 돌이켜봐도 내게 꼭 필요한 시간이었다.

작은 성취 조각 모아
자신감 만들기

첫째 채니는 겁이 많아 계단 오르는 것을 참 무서워했다. 초등학교 1학년, 적응하고 신경 써야 할 것들이 많았지만 채니에게 가장 어려운 과제가 바로 혼자 계단 오르기였다. 계단 앞에서 멈춰 서서 한참을 주춤거리다가 두 손을 짚고 네 발로 걸어 올라간 적도 많았다. 엄마로서 참 안쓰러운 순간이 많았다. 계단을 오르기 전에 채니도 이런 생각을 했을 것이다. '이 계단을 내가 정말 오를 수 있을까?'

일 년이 지난 지금, 채니는 난간을 잡지 않고 오르는 건 물론 뛰어서 오르기까지 한다. 다른 아이들에게는 당연한 일일지 몰라도 채니에게는 참으로 많은 발전이다. 그저 '시간이 지나서, 나이를 먹어서'라고 이야기하기에는 그 뒤에 너무나 많은 채니의 노력이 숨어 있었다.

채니의 계단 오르기 과정을 단계별로 살펴보자.

1단계 : 옆 사람 손잡고 오르기 성공(드디어 네 발로 오르지 않는다.)

2단계 : 난간 잡고 오르기 성공(드디어 옆사람이 필요하지 않다.)

3단계 : 난간 안 잡고 오르기 성공(드디어 손에 땀이 나지 않는다.)

작은 목표를 세우고, 하나하나 성취해간다. 별것 아닌 도전이지만 한 걸음씩, 한 단계씩 나아가다 보면 어느새 성큼성큼 계단을 오르는 경지에 도달하게 된다.

프랑스의 제18대 대통령이었던 샤를 드 골은 이렇게 말했다.

"할 수 있다고 믿는 사람은 결국 그렇게 된다."

모든 도전의 시작에는 용기가 필요하다. 마찬가지로 모든 도전의 지속을 위해서는 자기 믿음, 즉 자신감이 필요하다. 자신감을 쌓아가는 과정의 첫 단계에서 성공이라는 거창한 단어를 떠올릴 필요는 없다. 성취면 충분하다. 일주일 동안 매일 줄넘기를 하기로 하고 그것을 지켰을 때의 성취감, 아이에게 일주일 동안 화를 내지 않겠다고 다짐하고 나서 일주일 동안 화내지 않는 엄마로 살았을 때의 성취감, 아무리 얇고 그림이 많은 책이라도 한 권의 책을 다 읽었을 때의 성취감…… 이런 작은 성취감들이 모여서 '나도 할 수 있어'라는 자기 믿음이 생기고, 이러한 자신감과 자존감이 모여서 '도전을 지속할 수 있는 나'를 만들고, 결국은 '성공하는 나'를 만들어준다.

나 역시 그랬다. 매일 운동 거르지 않기(맨손 체조도 포함시켜주는 대단한 포용력), 한 달 동안 새벽 5시에 일어나서 공부하기(책 앞에서 눈만 뜨고 있어도 인정), 매일 아이들 자기 전에 책 한 권씩 읽어주기(엄마인 내가 할 수 있는 최소한의 노력) 등 이런 작은 성취들을 하나하나 쌓아가다 보면, '나도 할 수 있을 것 같아'에서 '나도 할 수 있어'라는 자신감이 샘솟는 날이 오지 않을까?

그런데 이런 나의 소소한 변화는 나만 변화시키는 게 아니었다. 가족들도 나의 이런 변화를 옆에서 지켜보면서 힘내라는 막연한 응원이 아닌, 진심으로 믿어주는 응원의 눈빛을 보내기 시작했다.

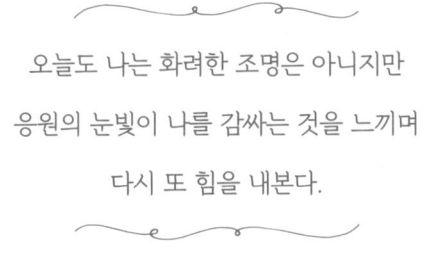

오늘도 나는 화려한 조명은 아니지만
응원의 눈빛이 나를 감싸는 것을 느끼며
다시 또 힘을 내본다.

돈 : 나를 위한 투자가 아까운
당신의 이름은, 엄마

○
●
○

이번 가을에는 체크 원피스가 유행이란다. 출퇴근하는 버스에서 그리고 아이들이 잠시 소꿉놀이를 하며 나를 찾지 않는 틈을 타서 여기저기 기웃거리며 하트를 뿅뿅 눌러놓았던 몇 벌의 옷 중에 뭐가 좋을지 심혈을 기울여 고민 중이다. 그때 딸아이가 다가와서 말한다.

"엄마, 바지가 똥꼬에 자꾸 달라붙어서 불편해. 벗어도 돼?"

"어머, 너 언제 또 이렇게 키가 컸니?"

분명 봄에는 넉넉했던 것 같은데, 몇 개월 만에 소매도 짧막해지고 바지도 깡똥해졌다. 아이들이 잘 커서 다행스럽고 신기하기도 하지만, 몇 번 못 입고 작아진 옷들이 아까울 때도 있다. 휴대전화

를 쳐다보며 한참 고민하던 내 체크 원피스는 '곧 겨울 올 텐데 뭐'
라는 합리화로 자연스럽게 포기한다.

"얘들아, 너희 가을 옷 사러 가자."

퍽퍽한 닭가슴살은 거들떠보지도 않던 나였다. 결혼하기 전에
도, 결혼 후에도 늘 닭다리는 자연스럽게 내 차지였다. 그런데 엄마
가 되고 나서 난 닭다리는커녕 아이들 속살 발라주고 남은 튀김옷
만 먹다가 배가 부르기 십상이다.

딸기를 씻으며 예쁜 것은 아이들을 위해 잘라놓고, 상처가 있거
나 짓무른 것들만 내 입으로 쏙쏙 넣는 나를 보며, 친정엄마가 제일
빨갛고 예쁘게 생긴 딸기 두 알을 입에 꾸역꾸역 넣어주면서 이렇
게 말했다.

"네 딸들이 나중에 너처럼 못난이 딸기만 먹으면 좋겠냐?"

친정엄마에게 나부터 챙기라는 세뇌교육을 그렇게 받으면서도
엄마가 된 나는 아이를 위해서는 묻지도 따지지도 않고 마트 놀이
에서 가짜 돈 내듯 아까운 것 모르고 잘도 쓰면서, 나를 위해 쓰는
돈은 어찌 그리 망설이게 되는지 모르겠다. 나만 좋아하는 과일은
이제 냉장고에서 찾아보기 힘들고, 내 옷장을 침범해 점차 영역을
넓혀가는 아이들의 옷가지를 보는 건 이제 새삼스럽지도 않다.

이렇게 나에게 쓰는 돈이 아까운데, '내 공부'를 위해 돈을 쓰겠
다고 하는 건 어땠겠는가? 내가 돈을 쓴다고 눈치를 주는 사람이

있는 것도 아니다. 그럼에도 엄마의 공부는 경제적인 부분에서 많은 부담을 감수해야 하고, 그 중압감을 이겨내는 용기 또한 시작과 도전을 위한 필수조건이다.

스스로에게 쓰는 돈에 관대하지 못하고 구차하게 절절매는 나의 이름은 바로 '엄마'다. 마음에 드는 신상 원피스와 누구에게도 양보하지 못하던 닭다리살은 아이들을 위해 포기할 수 있다. 하지만 나의 새로운 시작과 도전을 위해 투자해야 할 돈은 아깝다고 생각하지 않기로 했다.

투자 없는 결과는 없다. 세상에 공짜가 없는 이치와도 같다. 투자해서 결과를 내면 더없이 좋은 것이고, 설령 결과가 없다 해도 세상에 필요하지 않는 경험은 없지 않을까?

실은 '돈만 날렸네'라는 결과가 두려운 걸지도

임용고시 도전 첫해. 지금 생각해보면 나는 모든 것을 다 잘하는 엄마의 탈을 쓰고 공부를 하고 싶었던 것 같다. 일도 놓지 않고 싶었고, 육아도 잘하고 싶었고, 집안일도 척척 해내며 아무것도 포기하지 않은, 아니 못한 채 공부를 하고 싶었다. 그러나 그건 공부 흉내,

공부하는 척 정도에 불과했다. 내가 그런 욕심을 냈던 이유는 다름 아닌, '실패에 대한 걱정'이었다.

그랬다. 사실은 시간과 돈만 들이고 아무런 결과가 없는 상황이 될까 두려워 아무것도 놓기 싫었던 것이다.

내가 혼자였다면, 돈과 시간에 대한 생각만 했을 것이다. 하지만 나는 엄마였고 엄마의 역할을 오롯이 할 수 없는 '반쪽 엄마'로 살아야 하는 상황이었다. 그것을 감당해야 하는 아이들과 가족, 그리고 나 자신에 대한 생각을 놓을 수가 없었다.

내가 지금 가진 것이 아무것도 없다면 오히려 용기를 내기 쉬울 수도 있다. 하지만 내가 무언가를 가지고 있을수록 그것을 버리고 다른 것을 위해 돈을 투자하고 시간을 내고 도전을 결정하기란 쉬운 일이 아니다. 성공이 보장되지 않는 일에 뛰어들 때 그 일이 반드시 성공하리라는 믿음을 가지는 사람이 얼마나 될까? 나도 도전의 결과가 걱정돼 밤잠을 이루기 힘들었던 평범한 사람이다. 그래서 먼저 나를 믿고, 나의 성공을 믿고, 그리고 설령 그 끝이 성공이 아닐지라도 지금의 도전이 나를 성장시키는 더없이 멋진 시간이라는 것을 믿는 마음을 의식적으로 쌓아나갔다.

아무것도 포기하지 않고, 아무런 기회비용도 지불하지 않고서는 엄마인 나에게 그만큼의 시간과 여력이 허락될 리 만무했다. 그래서 첫해의 실패를 딛고 재도전을 결심하면서는 생각을 바꿨다. 공부에 최대한 초점을 맞추고, 과감하게 포기해야 하는 것들을 생각해보았다.

그중 하나가 경제적인 부분이었다. 회사를 그만두게 되면 당연히 내가 벌던 돈만큼 가정 경제에 큰 영향을 줄 것이다. 또 아이들 돌봄비용, 강의 수강비와 교재비, 수험생활에 따르는 각종 제반 비용 등을 줄줄이 나열해보니, 정말 공부를 시작하기도 전에 포기하라고 등을 떠미는 장애물이 많다는 것을 실감할 수 있었다.

여기서부터는 생각의 전환이 필요하다. 내가 포기하는 것, 내가 치르는 대가가 크고 많을수록 그만큼의 부담을 안고 더 열심히 노력할 수도 있다. 내가 떠안아야 하는 부담이, 나를 앞으로 달리게 하는 채찍질의 역할을 한다는 뜻이다.

다이어트에 매번 실패하던 내 친구가 드디어 다이어트에 성공했다. PT를 300만 원이나 주고 등록한 후의 결과였다. 무조건 돈을 많이 써야 한다는 말이 아니다. 그만큼의 시간과 노력과 열정이 필요하다는 뜻이다.

포기해야 할 부분은 빨리 포기해야 내가 원하고 바라는 길에 더 빨리 들어설 수 있다는 것도 깨달았다. 그래서 나는 우선 얼마 되지 않는 퇴직금을 내 몫으로 챙겼다. 그리고 내가 공부에 집중할 1년 동안 필요한 금액에 대한 계획을 잡았다. 그리고 남편과 아이들에게 설명했다. 그들이 이해했는지 아닌지는 중요하지 않다. 그건 나를 향한 다짐이었다. 또 다른 사람들에게 알려 내 결심을 공식화하면 더 노력하려는 의지가 생기고, 다른 사람들의 시선을 의식하게도 되고, 도움도 받을 수 있다.

'이만큼의 돈은 내가 미래를 위해 투자할게. 대신 나중에 더 큰 액수로 채워놓으면 되잖아.'라는 다부진 마음으로 공부를 시작했다. 그렇게라도 미래를 보며, 미래를 꿈꾸며 미래에 살지 않는다면 엄마의 도전은 현실 속에서는 불가능한 일이 되고 포기와 좌절을 겪게 되기 쉽다.

우리 가족은 조금 더 하고 싶은 것들을 못하게 되겠지만, 들이는 비용이 커질수록 엄마의 부담도 늘어나겠지만, 때로는 적당한 부담이 앞으로 나아가게 하는 힘이 되기도 한다.

"경제공부도 중요하고
돈을 아껴 쓰는 것도 중요하지만
엄마는 무엇보다 꿈을 위해 투자할 수 있는
너희들이 되었으면 좋겠어."

육아 : 소는 누가 키우고, 아이는 누가 보나

○
●
○

친구들과 모여 함께 대화를 하다 보면, 정말 우리들이 다른 만큼이나 다양한 남편들의 성격에 놀라곤 한다. 그중 남편의 간곡한 부탁으로 일을 그만두고 전업맘이 된 친구가 이렇게 말했다.

"나도 일하고 싶어. 그런데 아이가 네 살까지만 옆에 있어주면 좋겠다고 해서 그날만 기다리고 있잖아. 내 인생에서 시간이 이렇게 더디게 간 적이 없었어. 나는 엄마 노릇이 세상에서 제일 어렵더라. 진짜 숨 막힐 것 같아."

다른 친구가 이어서 말한다.

"야, 남편이 돈 다 벌어다준다고, 애만 보라고 하는 거잖아. 난 오히려 네가 부럽다. 내 남편은 지금이라도 내가 하고 싶은 거 하라고 하거든. 아이만 보면서 내 기회를 놓치는 게 아깝다는 둥 하면서. 그런데 나를 위하는 것 같으면서도 돈 벌어오란 얘기 같기도 해."

두 친구의 이야기를 들으니, 모두 다 이해가 간다. 아이가 우선이니 내가 소중하게 생각하는 일을 하지 말라고 하는 남편이 야속하고, 돈 벌어오라고 떠미는 것 같은 남편이 야속할 수도 있다.

대부분의 남편은 아이 곁에 엄마가 있어주기를 바란다. 만약 그 생각에 아내, 즉 엄마 자신도 동의한다면 함께 그 가치를 실현해나가면 된다. 사실 어느 것이 옳거나 그르다고 할 수는 없다. 가치관의 차이이기 때문이다. 단지 나는 이렇게 생각한다. 엄마가 아이 곁에 있어줄 수 있는 시간도 딱 한 번뿐이지만, 그 시간 속의 엄마 인생 역시 단 한 번이다. 엄마가 엄마의 인생을 욕심내는 것이 이기적이고 틀린 선택이라고 말할 수는 없다. 남들과 다른 선택일 뿐이다.

내 남편이 내게 엄마의 역할을 최우선으로 부탁했다면 어땠을까? 미안하지만 나는 내 일을 포기하거나 공부를 시작하는 일을 다시 없었던 일로 돌이키지는 않았을 것 같다. 다행히 내 남편은 나의 꿈과 행복이 우선이라고, 그래야 아이들도 행복할 수 있다고 생각하는 사람이었기에 내가 공부를 하는 이유와 아이들에게 소홀해질 수밖에 없는 상황에 대해 오래 설득할 필요는 없었다.

사실 설득보다 더 중요한 건 현실적인 지지와 도움이었다. 당시 우리 부부는 주말부부였다. 주말에는 남편이 독박육아를 하며 지원해줄 수 있었지만 주중에는 도움을 줄 수 없었기에 나는 이모님, 시댁, 어린이집 선생님을 포함해 여기저기 가리지 않고 도움을 받으며 극한상황에서 엄마 공부를 해내야 했다.

매일 밤 아이들을 양옆에 끼고 누워서 잠을 청할 때면, 세상에 둘도 없는 행복감이 밀려오다가도 둘도 없는 괴로움이 밀려오기도 한다. '화장실 가고 싶다', '물 달라' 등 몇 번을 운동시키는 것은 물론이고 '무섭다', '아프다', '힘들다' 하면서 징징거리고, 잠이 안 온다고 칭얼거리며 울어대고…… 이렇게 잠든 나를 열 번을 깨워놓는 날이면 내가 이렇게 목소리가 컸나 할 정도로 화를 내기도 한다. 그렇게 버럭 화를 낸 날, 겨우 잠든 아이들을 볼 때면 미안한 마음이 몰려온다. 다음 날 아이들을 꼬옥 안아주면서 "미안해. 오늘은 엄마가 화 안 내려고 노력해볼게."라고 말하는데, 나보다 더 큰 마음을 가진 나의 꼬맹이들은 나보다 더 세게 나를 안아주며 이렇게 말한다.

"괜찮아, 엄마."

그리고 아무 말이 없다. 사실 다른 어떤 말도 필요가 없다.

그랬었지. '괜찮다'라는 말의 힘이 이렇듯 컸었지.

너희들이 엄마를 키우는 순간들이 엄마는 참 감사하다.

멀티형 엄마를
고집하지 않기로 했다

세상을 살다 보면 내가 갖지 못한 것에 느끼는 부러운 감정이 수시로 찾아온다. 그 감정은 때로는 나의 발전을 위해 필요한 것이 되기도 하지만, 지나칠 경우 나의 행복을 갉아먹는 독이 되기도 한다. 특히 엄마에게 '부러움'이라는 감정은 찰거머리처럼 들러붙어 도무지 떨어지지 않는 것 같기도 하다.

직장을 다닐 때 나는 집에서 아이들에게 맛있는 음식도 해주고, 등하원도 직접 시켜주고, 하원하다가 놀이터에 들러 또래 친구들과 함께할 시간을 주면서 그 친구들의 엄마들과 이야기도 나누고 하는 전업맘들을 부러워하곤 했다. 내 삶과는 전혀 다른 여유 있는 생활처럼 보였다. 엄마가 데리러 오는 친구들의 모습을 멀뚱히 쳐다보고 있을 내 아이들의 모습이 눈에 선했고, 각종 행사에서 엄마들과 함께하는 친구들을 부러워했을 내 아이들의 모습을 상상하다가 눈시울이 시큰해지기도 했다.

특히 아이들이 아플 때는 정말 미칠 노릇이었다. 사무실에 나와 있으면서도 아무 일도 손에 잡히지 않고, 당장이라도 그만두고 아이를 돌봐야 하는 것 아닌가 하는 생각이 들면서 아플 때 옆에 있어줄 수 있는 전업맘들이 세상에서 제일 부러웠다.

내가 회사를 그만두고 전업맘이 됐을 때는 자기 일을 하는 엄마들이 부러웠다. 다시 내가 일을 할 수 있을까 하는 불안감, 이렇게 아이들만 키우다가 내가 사라질 것 같은 두려움에 사로잡히기도 하고, 꼭 내가 옆에 있어주지 않아도 아이들은 잘 자라지 않을까, 일도 육아도 잘할 수 있지 않을까 하는 자만도 문득문득 생겨나곤 했다. 멋지게 차려입고 예쁘게 화장을 한 엄마들의 출퇴근길을 보며, 집에만 있어 점점 살찌고 못나지는 것 같아 거울을 보기 싫어진 적도 있었다.

결국 어떤 순간이든 부러움의 대상이 존재했다는 말이다. 내가 못 가진 것들을 둘러보느라 내가 가진 큰 것을 못 보는 경우가 너무도 많다. 모든 것에 만족하며 산다는 것은 너무나 어려운 일임을, 그리고 엄마의 삶에 있어서는 더욱 그렇다는 것을 매 순간 느꼈다.

그래서 나는 공부하는 동안만큼은 모든 것을 잘해내는 멀티형 엄마가 되기를 과감하게 포기했다. 분명 얼마 되지 않아 나가떨어질 것이 뻔했기 때문이다.

모든 것을 잘해야 한다는, 잘할 수 있다는 마음을 내려놓고 도움을 받는 게 당연하다고 생각하니, 내 마음을 괴롭히던 육아에 대한 부담도 많이 줄어들었다.

가끔 우리는 두 마리 토끼, 아니 그보다 더 많은 토끼를 한 번에다 잡으려 욕심낸다. 조금만 욕심을 줄이고, 모든 것을 다 잘하려하기보다는 조금씩 덜 잘하는 것을 목표로 노력해보는 것도 나의 부담을 더는 방법이 될 수 있을 것이다.

물론 모든 육아의 부담을 내려놓을 수는 없다. 엄마이기 때문이다. 공부를 하고 돌아와 아이들과 시간을 보내야 하는 저녁시간이면, 그 시간마저 한 아이가 아니라 두 아이에게 나눠 써야 한다는 것이 안타까울 때가 있다.

그럴 때면 첫째 채니가 와서 나에게 묻는다.

"엄마는 세상에서 누가 제일 좋아?"

아이들에게 엄마의 사랑은 늘 고픈가보다. 채니는 엄마한테 늘 첫 번째이고 싶어 하고, 확인하고 싶어 한다. 가끔은 그런 질문이 엄마가 표현한 사랑이 부족하기 때문인지, 많은 시간 함께해주지 못해서인지, 혹시 우리 아이만 자주 하는 질문은 아닌지 마음 한편이 아릴 때가 있다.

그래서 늘 같은 답이지만 최선을 다해 말해준다.

"엄마는 우리 채니 주니가 세상에서 가장 좋고 가장 소중해."

사람의 마음이 참 간사하다. 아이들이 나 없이 잘 지내는 것이 고맙다가도 아이들이 나 없이 잘 지내면 나의 존재를 잊어가는 것 같고 내 역할이 그리도 미미했나 서운해지기도 한다. 나를 찾는 날이면 마음이 좋지 않다가도 그래도 이렇게 엄마를 찾고 엄마의 사랑을 물어주는 아이들이 있어서 마음이 따뜻해지기도 한다. 참 알

다가도 모를 엄마의 마음이다. 부족한 엄마이지만 엄마가 전부라고 생각해주는 딸들이 있어서 참 행복하다.

"사랑하는 나의 꼬맹이들아. 엄마는……
너희들 때문에 무언가를 포기하는 것이 아니라
너희들 덕분에 무언가를 해내는 모습을
보여주고 싶어."

시간 :
아무리 쪼개보아도 시간이 없다!

○
●
○

"돈은 있다가도 없고 없다가도 있는 것이여."

속담이기도 한 이 말은 영화에 자주 등장하는 단골 대사다. 사실 이 그런지는 실감을 못해봤지만 말도 안 되는 소리는 아니라고 생각한다.

하지만 시간의 경우는 다르다. 없다가도 생기는 것이 아님은 확실하다. '시간 있어'라는 말 속에서 시간은 결국은 없어질 것이고, 시간은 어떻게 해도 더 늘릴 수 있거나 생겨날 수 있는 것이 아니기 때문이다.

돈은 잘 투자하고 이익을 창출하고 잘 늘려나갈 수 있지만, 시간은 잘 쓰고 보내는 것만이 중요하다. 시간을 모으거나 시간을 늘린다는 것은 애초에 불가능한 일이기 때문이다.

결혼 전에도 나는 계획한 일을 시간 안에 마무리하기 위해 애쓰느라 늘 바빴다. 물론 해낼 때도 있고 해내지 못할 때도 있었지만, 어쨌든 그땐 시간이 있다고, 아니 많다고 생각했다. 나의 시간은 온전히 나의 것이었기 때문이다.

그러나 엄마가 된 후 시간에 대한 내 생각은 완전히 달라졌다. '시간은 누구에게나 공평하다'고 했지만, 나는 그 문장을 이렇게 바꾸고 싶다.

"시간은 누구에게나 공평하다. 단, 엄마는 예외다."

엄마가 된 나는 더 이상 내 시간을 나에게 쓰는 것조차 미안한 사람이 되어 있었다. 나의 시간조차 나의 것이 아닌 삶이 시작된 것이다. 잠은커녕 먹는 것도 제대로 시간을 내어 먹는 것이 힘들었다. 드라마나 책 속의 엄마들이 육아로 인해 끼니를 거르거나 서서 몇 숟가락 뜨는 일은 과장이나 허구가 아니다. 완전히 리얼이다.

그럼에도 어떤 일들을 했느냐고 물으면, 생각만큼 술술 읊어낼 수 없다. 엉덩이 한번 붙이지 못하고 하루 종일 총총대며 바빴건만, 굵직하게 설명할 길이 없어서 답답하다.

게다가 아이와 함께하는 매일매일은 타보지 못한 새로운 놀이기구를 들여놓은 놀이공원에 가는 기분이다. 설렘과 긴장의 연속이다. 좀 익숙하고 미리 아는 상황이라면 서투른 준비라도 하겠건만 그것마저도 허락되지 않는, 다이나믹하고 버라이어티한 하루하루다.

이래서 엄마를 1.5인간이라고 하는 것 같다. 내가 아닌 0.5를 더 책임지고 살아야 하니, 나에게 주어진 시간이 남들과 같을 리 만무한 것이다. 이런 불공평한 상황에서 열에 한 번 나를 위한 시간을 계획해도 뜻한 대로 되지 않는 경우가 더 많았다. 아이들은 나의 상황을 봐가며 자라주는 것이 절대 아니기 때문이다.

그런데 아이러니하게도 나는 혼자일 때보다 엄마가 된 후 더 많은 일에 도전했고, 도전하고 있는 것 같다.

엄마로서의 물리적인 시간은 턱없이 부족하다. 없는 시간을 쪼개어 새벽에 일찍 일어나서 무언가를 하려고 하면, 그날따라 아이들은 새벽에 깨서 엄마 껌딱지가 되어 있고, 아이들을 재우고 일어나서 무언가를 하려고 하면 그날따라 또 어찌나 잠이 들지 않는지, "이제 제발 좀 자라!"라고 호통을 치고 나서는 기억이 없다. 또 내가 먼저 잠이 든 것일 게다.

잔병치레는 둘째가라면 서러운 우주최강자매. 약을 365일 중 360일을 먹으니 동네 병원 의사 선생님에게 제일 자주 얼굴 보이는 아이들이다. 상황이 이러하니 일주일 동안 나를 위해 계획했던 10시간 가운데 1시간도 계획대로 되지 않는 경우도 있었던 것 같다. '이럴 거라면 뭐 하러 계획을 세우나' 싶을 정도였다.

엄마가 되고 나서 내가 원하는 시간에 공부를 하고 책을 읽고 나만의 시간을 갖는다는 것은 그야말로 불가능한 일이었다. 그런데 나를 변화하게 만들고 도전할 수 있는 힘을 준 사실이 있었다. 바로 '원하는 시간에 공부를 할 수는 없지만, 공부할 수 있는 시간을 원하게 되었다'는 사실이었다.

늘 나에게 풍요로웠던 시간 속에서 나는 '나만의 시간'을 원하지 않았다. 하지만 시간의 소중함을 깨닫고 나니 나에게 주어진 시간을 헛되이 쓰지 않으려 최선을 다해 노력하게 되었다.

'엄마이기 때문에' 나만의 시간은 없었다. 허나 '엄마인 덕분에' 공부할 수 있는 나만의 시간을 원하게 되었다. 그리고 그 절박함이 나를 이끄는 원동력이 되었다고 감히 확신한다.

시간을 쪼개다 못해
결국 빚까지 내는 엄마

나의 육아 경험에 비추어 볼 때 첫째 아이가 뱃속에 있는 시간이 그래도 가장 시간을 계획대로 쓸 수 있는 기간이었던 것 같다. 그래서 나는 첫째를 임신 중인 친구에게 하고 싶은 것들 다 해놓으라고, 공부 계획이 있다면 지금, 자격증을 따야 한다면 지금, 여행을 가고 싶다면 지금이라고 말해준다. 적어도 당분간은 그 시간이 허락되지 않을 가능성이 높기 때문이다.

첫째 임신 기간, 그리고 둘째 임신 기간 동안 나는 열 개에 가까운 자격증을 땄다. 일도 하고 있었다. 내가 다시 열심히 공부할 수 있는 마지막 시간이라는 불안감 때문이었을 수도 있고, 엄마의 공부가 태교에도 좋다는 이유 때문이었을 수도 있고, 내가 육아를 하다가 다시 일터로 돌아갈 수 있는 끈을 이어놓고 있어야 한다는 부담감 때문이었을 수도 있다.

어떤 이유였건 나는 자격증을 따는 과정 속에서 얻은 것이 여러 가지 있는데, 그중 가장 큰 수확 두 가지가 '나도 할 수 있네'라는 믿음, 즉 자신감이 높아진 것이고, 또 하나가 시간의 중요성을 알게 된 것이었다.

뱃속의 아이가 자라고 아이가 태어나기 전까지의 유한한 기간 동안 나는 최대한 계획하고 실천하면서, 그 시간을 내 미래를 위한 투자로 쓰려고 노력했다. 그리고 그 과정 속에서 깨달았다. 해야 할 일들을 하는 것만큼 중요한 일이, 바로 하고 싶은 일에 나의 시간을 쓰는 일이라는 것을 말이다.

하지만 깨달았다고 해서 다 실천이 가능한 것은 아니었다. 연습이 필요했다. 둘째가 세 살이 될 때까지, 도전하고 싶었던 여러 가지 일들은 정말 시작의 마음만 수차례 먹고 다시 원점으로 돌아가기를 반복했다. 육아도 해야 했고, 일도 해야 했다. 거기에 내가 공부를 계획한다는 것 자체가 욕심이었지만, 사실 가장 큰 문제는 없는 시간을 쪼개어 쓰는 연습이 부족했고, 그 시간을 활용하는 습관이 잡혀 있지 않았다는 점이었다.

인생 선배들이 하는 말이 틀리지 않았다. 아이들은 경이롭게도 세상에 적응해갔고, 나 역시 아이들과 함께 엄마의 삶에 적응해가고 있었다. 서툴고 힘들던 부분도 익숙해지고 가끔은 능숙하게 되었고, 아등바등 전전긍긍했던 일들도 한 걸음 뒤에서 바라볼 수 있는 여유가 생겼다. 그런 익숙함과 여유가 가져다준 엄마의 틈새 시간들은 삶의 단비 같았다. 그야말로 꿀맛 같았다.

그 시간을 헛되이 보내고 싶지 않았다. 공부를 결심하고 더 알차게, 더 보람되게 시간을 쪼개어 쓸 수 있었던 이유도 내가 엄마인 덕분에 시간의 소중함을 깨닫고 시간을 잘 보낼 수 있는 1.5인간이 되어서이지 않을까?

틈새 시간이 늘면서 나는 우선 시간을 최대한 쪼개서 쓰는 연습을 했다. 그러고도 확보되지 않는 시간은 가족들에게 빌렸다. 돈을 빌리는 것보다 어찌 보면 더 큰, '시간'의 빚쟁이가 된 것이다. 기꺼이 자신의 시간을 내어주는 가족들이 있어서 엄마의 꿈이 현실로 실현되는 경우를 많이 보았고, 나 역시 그런 케이스라고 생각한다.

그것으로도 부족할 경우에는 시간을 돈으로 사는 방법도 있다.

어폐가 있어 보이지만, 돈을 들여서 도우미를 고용하거나 아이들의 육아에 도움을 받을 수 있는 방법을 고민하는 것이다. 그리고 그로 인해 나에게 허락된 하루의 몇 시간만이라도 온전히 나를 위해 투자한다.

엄마의 시간은 상황이 각자 다르기 때문에 시간을 쪼개고, 빌리고, 돈으로 사는 여러 가지 방법을 통해서 확보할 수밖에 없다. 꼭 이렇게까지 해야 하느냐고 묻는다면, 사실 그런 건 아니다. 하지만 이렇게 해서라도 가능하다면 한번 해볼 만하지 않을까? 돌이켜 생각해보면 이렇게 시간을 빚지고 돈으로 사면서까지 도전했기에 더 간절하고 더 열심히 뛸 수 있었던 것인지도 모른다.

아이가 커가면서 내 시간이 늘어나는 것은 분명하다. 그러나 만약 나만의 시간을 어떻게 쓸 것인지에 대한 고민이 없다면 그 시간 또한 그저 흘러가며 없어지는 시간 중에 하나가 될 수 있다.

가끔 이런 생각들이 머릿속에 떠오르며 나를 가로막기도 했다.

'내가 조금만 더 젊었더라면. 지금은 불가능한 것 아닐까. 아이가 조금만 더 크면 생각해볼까.'

잠든 아이들의 얼굴을 보며 나는 이렇게 생각을 바꾸기로 했다.

"오늘이 엄마의 가장 젊은 날이야.

지금이 아니면 언제겠어?

너희가 있어서 엄마는 모든 시간이 참 소중해,

그걸 알게 해줘서 고마워."

Chapter 3

그럼에도 엄마가 도전하는
다섯 가지 이유

꿈 :
엄마의 꿈을 궁금해하는 두 딸을 위해

○
●
○

채니 : 엄마, 나는 나중에 커서 작가가 되고 싶어.

엄마 : 와, 너무 멋지다. 작가.

채니 : 엄마는 꿈이 뭐였는데?

엄마 : 너무 많았는데…….

채니 : 그중에서 뭐가 제일 되고 싶었어?

엄마 : (말할 타이밍 놓침)

주니 : 나는 건축가가 될 거야. 블록 사줘.

블록 사달라는 막내의 귀여운 애교로 일단락된 대화였지만, 뭔
가 기분이 찜찜했다. 한참을 생각한 뒤에 깨달았다. 나는 딸이 나에

게 "엄마는 꿈이 뭐야?"라고 물어봐주길 바랐던 것 같다. "엄마는 꿈이 뭐였어?"라는 과거형이 아니라.

아이들의 눈에 비치는 나의 모습은 어떤 모습일까? 아이들은 엄마의 등을 보고 자란다는 말은 어쩌면 가장 흔한 말이면서, 가장 당연한 말인 동시에, 가장 무서운 말일지도 모른다. 나의 등을 볼 수가 없기 때문일까? 아이가 보는 내 뒷모습이 어떤지를 비춰주는 거울이 있으면 좋겠다는 생각이 들기도 한다.

우리 집에는 '꿈을 갖자'라는 가훈이 적힌 나무 조각이 벽에 걸려 있다. 아이들에게 꼭 들려주고 싶은 이야기를 고민하다가, 꿈을 품고 자라는 아이가 자존감도 높고 행복할 것이라는 생각을 하면서 남편과 함께 결정하게 되었다.

그 이유 때문인지 우리 집 꼬맹이들은 꿈, 장래희망에 대해서 자주 이야기를 하곤 한다. 채니가 작가가 되고 싶다고 한 뒤로는 주니도 작가라는 직업에 더 관심을 보이고 있고, 주니가 건축가가 되고 싶다고 한 이후로 채니는 멋진 건축물을 보면 저런 건물을 지어보라고 조언을 해주기도 한다.

그런데 엄마인 나에게는 "꿈이 뭐였어?"라고 지금이 아닌 과거를 물을 뿐, "꿈이 뭐야?"라고 현재와 미래를 물어주지 않는다. 혹시 엄마는 이미 성장이 끝난 어른, 더 이상 꿈을 꾸지 않는 사람이라는 생각을 하고 있는 것이 아닐까? 그렇게 생각하니 서글퍼지기도 한다.

나는 아직 도전할 용기가 있고, 꿈을 꾸고 성장할 수 있는 사람인데.

나는 아이들이 도전하는 것에 용기를 낼 수 있고, 새로운 꿈을 꾸며 늘 성장하는 사람이었으면 좋겠다. 그렇게 되기 위해서는 내 등에서 그런 모습을 볼 수 있어야 하리라. 그래서 나는 오늘도 열심히 꿈을 꾼다. 그럼 아이들도 언젠가 꿈 이야기에 나를 끼워주지 않을까. 그리고 이렇게 물어주지 않을까.

"엄마는 꿈이 뭐야?"

꿈을 이루는 데
시간제한은 없다

하고 싶은 게 없고, 꿈이 없다고 말하는 사람이 있다. 꿈이 있는 사람은 행복한 거라고, 그게 부럽다고 말하는 사람도 있다. 나와 아주 가까운 사람이 그런 말을 했다. 그래서 생각해보았다. 혹시 하고 싶은 게 없었던 게 아니라 무엇을 해야 할지 몰랐던 것은 아닐까? 상황에 맞춘답시고, 다른 사람들에게 양보한답시고 내가 꿈꾸는 시간조차 양보했던 것은 아닐까? 아니 어쩌면, 꿈을 꾸는 방법을 몰랐던 것은 아닐까?

하지만 꿈을 꾸는 순간, 꿈을 꾸는 방법에 대해서는 나 아닌 다른 어떤 사람도 정확하게 조언해줄 수 없다는 것을 우리는 모두 알고 있다. 스스로가 찾아야만 하는 과제와 같은 것이다.

"엄마 꿈은 뭐예요?"

"엄마의 꿈은 너희들이 건강하게 잘 자라는 거야, 너희들이 행복하게 사는 거야."

혹시 이렇게 말해주고 있지는 않은가? 아이가 나의 꿈을 대신 이뤄주기를 바라고 있지는 않은가? 아이는 엄마의 기대에 부응하기 위해 노력하기도 하지만, 엄마의 기대에 미치지 못해서 좌절하고 버거워하기도 한다. 엄마가 자신의 꿈을 꾸고 그 꿈을 공유할 때 아이들도 자신만의 꿈을 꿀 수 있다. 아이의 꿈을 응원하고 지지하는 것만큼 엄마의 꿈도 소중하게 생각하고 그 꿈을 이루기 위해 노력할 필요가 있다. 살아가면서 꿈을 꾸고 도전하기에 늦은 순간은 없으니까.

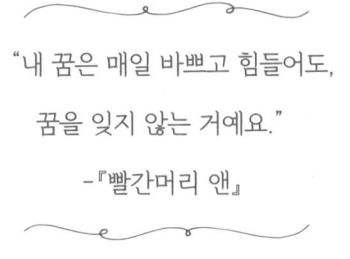

"내 꿈은 매일 바쁘고 힘들어도,
꿈을 잊지 않는 거예요."

-『빨간머리 앤』

도전 :
엄마의 도전은 아이의 교과서다

○
●
○

아이들이 자주 하는 놀이 가운데 거울에 비친 모습처럼 서로를 따라 하는 놀이가 있다. 거울은 모습만 비추지만 이 놀이는 말과 행동을 모두 따라 한다는 것이 다른 점이긴 하다.

엄마인 나는 아이들의 말과 행동을 보면서 이 놀이를 떠올릴 때가 참 많다. 나와 똑같은 말과 행동, 그리고 나는 의식하지 못했지만 내 아이의 말과 행동 속에 보이는 나. 가끔 그 모습을 보며 흐뭇하기도 하지만, 대부분 얼음냉수를 부은 듯 화들짝 놀라고 아차 싶을 때가 많다. 다만, 놀이는 "그만해!"라는 호통과 함께 끝날 수 있지만, 아이들이 무의식적으로 배우고 학습한 엄마 따라 하기는 끝내고 싶다고 끝낼 수 있는 놀이가 아니다. 그렇게 생각하면 나의 일

거수일투족에 참 신중해야 한다는 부담이 팍팍 밀려온다.

일기를 쓰겠다고 매년 새해에 다짐하지만, 사실 일기를 꾸준히 쓰기란 여간 어려운 것이 아니다. 가장 예쁜 노트를 꺼내어 다시 일기 쓰기에 도전하며 끄적거리고 있던 어느 날이었다.

"엄마 뭐 해?"

"일기 써."

"그림일기?"

"아니, 엄마는 글씨로 된 일기 써. 물론 그림도 그릴 수 있지."

얼마 후 아이들이 조용하기에 슬그머니 가 봤더니, 둘 다 열심히 일기를 쓰고 있었다. 채니는 10칸쓰기공책에, 주니는 스케치북에. 각자 나름 아끼는 노트를 꺼내어 엄마처럼 오늘의 일기를 쓰고 있었던 거다. 내가 "일기 쓰자. 일기 쓸까? 일기 써."라고 할 때는 입이 쭉 나와 하기 싫다더니, 말 한마디 안 했는데 스스로 일기를 쓰다니 놀라운 일이었다. 나도 아이들도 이게 얼마나 지속될지는 모를 도전이긴 하지만, 엄마와 아이들의 거울 놀이가 무서우리만큼 대단한 영향력이 있다는 생각이 든다.

좋은 부모는 여러 번 가르치는 대신 자신의 모습을 통해서 아이들이 배울 수 있도록 한다고 했다. 아이들이 독서를 하기 원한다면 책을 많이 사서 읽어주기보다 아이들에게 책 보는 부모의 모습을 보여주라는 말도 같은 맥락에서 이해할 수 있을 것이다.

아이들이 자신만의 꿈을 꾸고 용기를 내어 도전하고 그 길을 묵묵히 걸어 나갈 수 있는 사람이 되길 원한다면, 백 번을 설명하는 것보다 엄마가 그런 모습을 보여주는 것이 훨씬 더 좋지 않을까? 분명 아이들에게서 새싹이 돋아나듯, 꽃이 피어나듯 그러한 도전의 모습이 보일 것이라고 믿어 의심치 않는다.

"괜찮아, 다시 하면 돼.
다음번에는 더 용기가 날 거야"

채니가 유치원에서 동시 암송 발표회가 있었다. 처음에 외우는 것을 힘들어해서 동시를 녹음하고 반복해서 들려줬더니 긴 동시였는데도 틀리지 않고 척척 외웠다. 소파 위에 올라가서 큰 목소리로 또박또박 동시 암송을 연습했다. 나를 닮아 발표 울렁증이 심한 채니에게는 사실 동시 암기보다 많은 사람들 앞에 서서 입을 떼는 것 자체가 걱정이었다.

채니는 발표회 날 어땠을까? 연습한 만큼 잘했을까?

아니었다. 채니는 긴장한 채 겨우 올라간 무대에서 첫 마디도 떼지 못했고, 힘내라고 한마음으로 격려하며 보낸 많은 사람들의 박수갈채에 힘을 내기는커녕 울음을 터뜨렸다. 지금 와서는 웃으면서 이야기할 수 있는 에피소드가 되었으나, 그 당시 엄마인 나는 얼마나 속상했는지 모른다. 정말 아이를 따라 나도 크게 울고 싶었다.

집에 와서 채니에게 말해주었다.

"괜찮아, 엄마도 떨려서 발표 못 한 적 있어. 다음번에 잘하면 돼."

"진짜? 엄마도 그랬어?"

"응, 엄마도 발표하려면 아직도 떨려. 다음번에는 조금 더 용기가 날 거야."

사실 그렇다. 채니를 보면 나를 너무도 닮아서 마음이 짠하다. 실수도 의연하게 넘기고 잘하려는 마음보다는 즐기는 마음이 더 컸으면 좋겠다는 엄마의 마음은 그저 욕심인 걸까. 나의 어렸을 때 모습처럼 잘하고 싶어 긴장하고, 많은 사람들 앞에 서면 울렁울렁 멀미가 나면서 얼굴이 창백해지니, 닮지 않았으면 하는 것들을 똑 닮은 우리 채니.

채니의 발표회 후, 나는 내가 열심히 하고 있는 모습도, 열심히 하다가 넘어지는 모습도, 그리고 다시 일어서는 모습도 모두 딸아이들에게 말해주고 함께했다. 그리고 채니에게는 매일 아침 등교 전 함께 외치는 구호를 만들어주었다.

"실수해도 괜찮아, 잘 못해도 괜찮아, 파이팅 파이팅 예예예예야~!"

노래가 섞인 이 구호는 채니에게 안정감을 주는 듯했다. 그리고 채니는 그 다음 노래 발표회에서 역시나 잔뜩 긴장해 웃는 것인지 우는 것인지 모르겠는 표정으로 노래를 부르긴 했지만, 그리고 알 아듣기 힘들 정도의 작은 목소리였지만, 그래도 혼자서 끝까지 노래를 불렀다. 그전 동시 발표회의 상황을 모르는 다른 엄마들은 내 눈시울이 왜 붉어졌는지 알 리 없다. 그렇지만 나는 이렇게 성장하고 다시 도전에 성공한 채니가 너무도 대견했고, 감동적이었다.

요즘 아이들이 꿈이 없는 것만큼 부족한 것이 실패를 이겨내는 힘이라는 말을 자주 접하게 된다. 새로운 도전을 마음먹고 해내는 과정 모두가 그것만으로도 큰 의미와 가치를 지니지만, 쓰라린 실패는 우리를 좌절시키고 무너지게 만든다. 실패를 겪어보지 못한 사람은 작은 실패에도 크게 흔들린다. 실패를 통해 다시 일어날 수 있는 힘을 키우고 다시 이런 실수를 하지 않도록 교훈을 얻는다면 돈을 주고도 살 수 없는 값진 경험이 될 것이다.

아이들에게도 실패하지 않도록 안간힘을 쓰는 모습을 보여주기보다는 언제든 실패할 수도 있으며 어떻게 그 실패를 극복하고 일어서는지, 그리고 어떻게 다시 도전해가는지를 보여주는 과정이 중요하다고 생각한다. 그 과정의 끝이 내가 원하는 결과가 아니어도 사실 실패는 아니다. 이미 너무 많은 것을 얻고 있고, 배우고 있기 때문이다. 사실 실패로 여기기엔 나와 함께한 우리 모두의 도전이 너무 눈물겹고 값지지 않은가? 그리고 그 시간의 끝에 맞닥뜨린 결과가 나와 함께한 가족 모두가 원하던 것이라면, 그 어떤 꿈과 도전의 성공보다도 더 감동적이지 않겠는가?

내가 첫 도전에 실패했을 때 "괜찮아, 다시 공부하면 되지."라고 말해주었던 우리 아이들은 아직도 어떤 일을 도전할 때마다 실수나 실패를 두려워한다. 하지만 설령 실수를 하거나 실패했을 때에도 "괜찮아, 다시 하면 돼."라고 스스로에게 말할 수 있는 아이들로 자라나고 있다고 믿는다.

"엄마가 눈치채는 순간,
그리고 눈치채지 못하는 순간,
언제나 너희가 엄마를 보고 있다는 사실이
엄마가 하루하루를 더 노력하고
새롭게 도전하는 힘이 된단다.
도전하고 실패하고 성공하는
모든 과정을 언제나 함께하자."

자아실현 :
엄마도 린다G 같은 부캐가 필요해

○
●
○

이효리의 부캐 린다G를 보면서 신나게 한바탕 웃고 나면, 뭔가 더 큰 공허함이 찾아온다. 이효리가 제주댁 본캐도, 린다G 부캐도 멋지게 성공시킨 것처럼 나 역시 모두 잘 해내고 싶은데, 유치원 아이 엄마, 초등 아이 엄마, 주말부부 아내, 딸, 며느리, 지금은 신규 교사에 신인작가까지, 정말 어느 역할 하나 쉽지 않다.

아이들 보기도 바쁠 텐데 뭘 이렇게 일을 많이 벌이느냐고 묻는다면야 할 말이 없어지지만, 엄마도 나로 살아가고 싶은 순간이 있고, 그런 의미에서 엄마도 부캐 몇 개쯤은 욕심내도 괜찮은 거 아닐까? 〈놀면 뭐하니?〉라는 예능 프로그램을 보면서 누구보다 부캐를 꿈꾸는 사람들이 바로 엄마들이 아닐까 싶다.

자유분방한 나의 친구 하나는 아이가 아직 어리다. 손이 많이 갈 나이지만 남편과 함께 분담해서 '나만을 위한 시간'을 즐길 줄 아는 친구이기도 하다. 운동도 하고, 하고 싶은 공부도 하고, 친구들과의 모임도 자주 갖고, 엄마로서 보통 갖게 되는 제약이 없어 보인다. 친구지만 '아이들이 걱정 안 되나?' '참 대단하다' 싶다가도 '저렇게 나를 위한 시간이 있어야 아이들한테도 더 잘해줄 수 있을지도 몰라'라는 생각이 들기도 한다.

통계청에 따르면, 임신, 출산 그리고 육아 등의 이유로 경력이 단절된 여성들의 수가 169만 명에 달한다고 한다. 그리고 이 중 구직 의사가 전혀 없는 경우는 약 0.6퍼센트라고 했으니, 약 99.4퍼센트가 단절된 상황에서 벗어나 사회로 나오고 싶다는 의미로 해석할 수 있을 것이다.

아이 엄마라고 하면 이런 말을 많이 듣게 된다. "지금이 가장 예쁠 때다." "시간 금방 간다, 품안에 자식이라고 내 품에서 떠나면 지금 예쁜 모습 기억하며 평생을 부모로 사는 거다." 아이들이 부모와 함께 시간을 보내고 싶어 하는 때가 그렇게 길지 않다는 말이다. 이런 말을 들을 때면 나도 마음이 마구 흔들리곤 한다. '아이들이 나를 필요로 하는 지금, 더 많은 시간을 보내주어야 하는 것은 아닐까?'라고 말이다.

어떤 것이 옳고 그른지, 좋고 나쁜지는 어느 누구도 이야기할 수 없을 것이다. 자신의 삶에서 어떤 것에 더 가치를 두느냐에 따라서 선택은 달라질 수 있다. 하지만 엄마이기 때문에 모든 것을 포기하고 희생해야만 한다는 생각, 엄마가 어떻게 하고 싶은 것들을 다 하고 살 수 있냐는 관념은 이제 그만 날려버려야 하지 않을까?

엄마라고 하고 싶은 것이 없고, 꿈이 없는 건 아니다. 하고 있는 일을 멈추라고 말할 수 있는 권리 또한 누구에게도 없다. 그러니 엄마가 부캐를 꿈꾼다면 언제든지 응원해줘야 하지 않을까? 그렇다고 해서 본캐를 망각하거나 소홀히 할 엄마들은 절대 없을 테니까 말이다.

다 잘하고 싶지만,
다 잘할 순 없더라

여섯 살, 아홉 살 두 딸아이의 엄마인 나. 아직은 많은 부분에서 엄마의 손길이 필요한 나이라는 걸 잘 알고 있다. 요즘도 매일 틈 날 때마다 육아, 자녀교육 관련 책을 뒤적이고 영상을 시청하며 아이들의 하루하루와 미래를 고민하고 있다. 엄마를 공부 중인 엄마라고 해야 할까?

내가 뒤적거리는 책이나 영상 속의 주인공 중에는 본인을 잃지 않으면서도 아이도 아주 훌륭하게 잘 키운 분들이 참 많다. 어쩜 이렇게 인간미가 없는지, 다들 빈틈이 없는 슈퍼우먼들이라는 생각이 든다. 그에 비하면 나는 참 인간미가 넘쳐흐른다. 뭔가 하나를 하면, 다른 일에는 구멍이 숭숭 생겨 있으니 말이다. 엄마 노릇을 잘해볼라치면 일에 구멍이 숭숭, 딸 노릇은 엉망이 되고, 일이나 공부를 좀 열심히 해볼라치면 자연스레 빵점 엄마가 되어버리니까.

엄마가 일을 하거나, 공부를 하거나, 새로운 도전을 하게 되면 아이가 필요할 때 곁에 있어주지 못하는 상황이 종종 발생하게 된다. 게다가 아이들은 절대 내 상황을 봐주지 않고, 절대 내가 계획한 대로 자라지 않는다.

잘 안 먹고, 잘 안 자고, 잘 아프고.

이런 반복되는 생활 속에서 내가 통제할 수 없는 부분이 커질수록 좌절감이 커지고 급기야 우울증까지 생기게 된다. 나의 불안과 불만과 불행은 아이들에게도 고스란히 전해지고, 나는 잘하려고 할수록 작아지는 엄마가 되곤 한다. 엄마 노릇, 아내 노릇, 딸 노릇, 며느리 노릇, 여기에 일까지 얹게 되면 어느 하나 제대로 하는 게 없는 나를 발견하고는 무기력해지기 일쑤다.

그래도 참 위안이 되는 건 대부분의 엄마들이 그렇다는 거고, 그런 동지가 있다는 것에 서로 공감이 되고 위안을 받는다는 사실이다. 모두를 다 잘하고 싶지만 모두를 다 잘할 수도 없고, 모두를 잘

할 필요는 없다는 것을 깨달아가는 순간들이다. 그저 오늘도 내가 할 수 있는 건 하나하나 노력해가며 나의 열정이 나에게도 그리고 아이에게도 전해지길 바라는 것뿐이다.

"채니, 주니야.
엄마는, 엄마여서 하고 싶은 것들이
더 많이 생기기도 해.
너희들이 자라서 엄마가 되었을 때는
'엄마의 자아실현'이 지금보다
더 환영받을 수 있길 바란단다."

시기 :
지금이 아니라면 언제일까?

○
●
○

내가 학원 강사로 있을 때의 일이다. 내가 졸업한 교육대학원에 진학을 희망하는 수강생이 찾아와 나에게 개인 지도를 요청했다. 수업 첫 시간 강의실에 들어선 나는 깜짝 놀랐다. 50대 아주머니께서 나와 계셨기 때문이었다. 나에게 인사하면서 건넨 그분의 첫마디가 너무 인상적이었다.

"잘 안 될 수도 있지만, 지금이 아니면 다시는 도전하지 못할 것 같아서요. 도전하려고 마음먹은 것만으로도 다시 태어난 기분이네요. 잘 부탁드려요."

그녀는 정말 하고 싶은 일을 위해 늦은 나이임에도 불구하고 도전하고 싶다고 했다. 물론 공부를 하는 과정이 쉽지만은 않았다. 기억력도 습득력도 예전 같지 않았기 때문에 스스로 많이 위축되기도 했다. 하지만 그런 것들을 다 이겨낼 만한 성숙함과 의연함을 지녔고, 젊은 학생들을 능가하는 의지와 끈기로 결국엔 교육대학원에 진학했다. 그리고 당신의 딸이 딸을 낳던 그해에 대학원을 졸업하여 지금까지 학생들을 가르치고 있다.

내가 그런 멋지고 아름다운 분을 가르칠 수 있었던 것은 참 영광스러운 일이었다. 나이는 정말 숫자에 불과하다는 것을, 도전하려는 용기를 발휘하는 데 늦은 때란 없음을 몸소 보여주고 나에게 큰 깨달음을 주었던 그분께 늘 감사하다.

과거와 미래는 '지금이 있는 사람'에게만 존재한다는 표현을 들은 적이 있다. 사실 나는 지금을 살고 있기에 과거를 돌이켜 생각하며 후회도 하고 추억도 하는 것이고, 미래에 대한 걱정을 하기도, 꿈을 꾸기도 하는 것이다. 그러니 '지금'이 나에게 가장 소중한 시간이며 나의 '지금'을 바꾸려고 노력하지 않는다면 아무런 의미가 없다 해도 과언이 아니다.

어쩌면 지금까지 도전을 미뤄온 나 역시 "지금이 아니라면 언제?"라는 질문에 "아직은 시간이 충분치 않아, 아직은 준비가 덜 되어 있어."라고 이런저런 핑계를 생각해왔는지도 모른다. 경제적인 부담도, 나의 빈자리가 여실히 드러날 우리 가족의 상황도, 그리고 내 의지와 끈기에 대해서도 모두 다 걱정이 앞섰다.

하지만 해보지 않고서는 아무것도 알 수 없다. 의외로 굉장히 잘하는 나를 발견할 수도 있지 않겠는가? 부딪혀봐야 알 수 있다면, 그 시점이 빠르면 빠를수록 좋은 것이 아니겠는가?

시간을 되돌릴 수 있다면

"채니야. 너는 시간을 되돌릴 수 있다면, 언제로 돌아가고 싶어?"

'요렇게 어린 꼬맹이도 돌아가고 싶은 시절이 있을까?'라고 생각하며 갑작스레 던진 질문에 채니의 대답은 제법 신중했다.

"좋은 순간으로 갔으면 좋겠어."

"그중에서도 언제?"

"그건 너무 어려워서 생각해볼 시간이 필요해."

아홉 살 인생에 훅 들어온 난이도 최상 질문. 엄마가 너무 진지했구나.

아쉽게도 시간을 되돌린다는 것은 〈시간을 달리는 소녀〉 같은 영화나 가정법 대화 속에서만 존재하며 현실에는 존재하지 않는다. '나중에'라는 말은 가장 쉬운 변명이라고 했다. 시간은 아무도 기다려주지 않기 때문이다.

시간은 되돌릴 수 없다. 하지만 훗날 '시간을 되돌릴 수 있다면 내가 다시 돌아가고 싶은 순간은 언제일까?'라는 질문을 던졌을 때, 적어도 지금 이 시간으로 다시 돌아와 꿈꾸고 도전하고 싶다는 후회는 남지는 않았으면 한다. 시작과 도전의 순간도, 행복과 감사의 순간도, 지금이 아니라면 언제일까? 그 언제가 있긴 한 걸까? 그렇기에 우리는 지금을 살아야 하고 지금에 충실해야 하고 지금 바로 달려야 하는 것이다.

"엄마는 지금 할 수 있는 걸

지금, 여기에서 시작하려고 해.

너희들과 함께 10년 전을 추억했을 때

'엄마가 그땐 할 수 있었는데, 그때 했어야 했는데.'라고

후회하지 않도록, 그때의 엄마가 지금을 후회하지 않도록

노력해보려고. 지금부터."

노후 :
백세 시대를 걱정하다

○
●
○

"엄마. 내가 어른이 되면 엄마, 아빠는 몇 살이야? 그때 엄마, 아빠는 할머니, 할아버지야?"

채니가 이런 질문을 한다는 건, 또 겁이 난다는 거다. 내가 꼬마였을 때 엄마가 없는 세상이 가장 겁났던 것처럼, 나의 아이들 역시 엄마, 아빠가 나이 들어 할머니, 할아버지가 되고 엄마, 아빠가 존재하지 않는 세상이 올까봐 무섭고 두려운가보다.

"걱정 마. 엄마는 채니, 주니 그리고 아빠랑 아주 오래오래 살 거야."

안심시키려는 말이 아니다. 진심이다. "인생 짧고 굵게"라고 외치는 사람들이 있지만 난 아니다. 전혀 짧게 살고 싶은 생각이 없다. 허락되는 한 길고 길게 살 것이다.

남편이 언젠가 이런 말을 한 적이 있다. 몇십 년이 지나고 노인이 된 뒤에 가장 두려운 것이 아이들에게 짐이 되는 것이라고. 무거운 주제 같지만 생각하지 않을 수 없는 일이긴 하다. 자식에게 끊임없이 주고도 받게만 될까 걱정하는 부모의 마음과 현실이 슬프지만, 나의 부모님이 그러하듯, 나 역시 그렇게 될 수밖에 없음을 알고 있다.

끊임없이 주고도 받게만 될까
걱정하는 부모 마음

엄마가 뇌수술을 받기 전날 보호자로서 설명을 듣고 사인을 하고 병실로 돌아왔다. 많은 의사들을 만나봤지만, 잘될 거라는 희망과 안심을 주는 의사들보다는 최악의 상황과 그에 따른 마음의 준비를 시키는 냉정한 의사들이 많은 것 같다. 어찌 보면 책임지지 못할 말들로 희망고문을 하는 것보다 낫지만, 그래도 가끔은 희망적인 위로가 듣고 싶고, 그 위로가 버틸 힘을 주기도 하는데 말이다.

700년 같았던 일곱 시간의 수술이 끝나고 중환자실에서 울고 있는데, 엄마 친구가 오셨다. 엄마가 걱정되기도 했지만, 우리가 밥도 잘 못 챙겨먹을까봐 밥을 챙겨주러 오신 것이기도 했다.

"너희 엄마가 수술이 잘못돼서 못 일어나게 되면 너희들한테 짐 될까봐 제일 걱정하더니만, 수술이 잘 되었다고 하니 천만다행이다. 밥 잘 챙겨먹고. 너희가 힘내야 엄마도 더 잘 회복하실 거다."

먹먹한 마음에 밥이 잘 넘어가지 않았다. 그렇게 우리에게 주기만 하고도 짐이 될까봐, 받기만 하게 될까봐 걱정하는 부모의 마음이란 참으로 서글프다. 노후를 걱정하고 노후를 대비하는 많은 콘텐츠들에 사람들이 관심을 갖는 것을 보면, 완전히 같은 맥락은 아니지만 내가 늙고 난 뒤의 삶에 대해서 진지하게 생각해보지 않을 수 없다. 게다가 나는 아직 살아온 날보다 살아갈 날들이 더 많이 남아 있지 않은가.

백세 시대 노후 대비의 시작은 꿈을 꾸는 것

"엄마 뭐 해? 숫자 공부해?"

"계획 세워."

거의 목 돌아가며 감시하고 있는 CCTV마냥 부담스럽기까지 한 딸들의 관심. 나름 진지한 타이밍인데, 혼자만의 시간은 또 저 먼

안드로메다로 가버렸다.

내가 살아온 날보다 더 많은 남은 날을 위해, 그리고 아이들이 자라나면서 바뀔 엄마의 역할과 그에 따른 나의 삶을 위해 생각의 시간이 필요했다. 그래서 노트를 펼쳐놓고 내 나이와 남편의 나이 그리고 아이들의 나이를 쭉 써보았다. 그리고 10년, 20년, 30년 후의 우리들의 나이도 함께 적어보았다.

사실 막막하다. 그저 나이로 가득한 숫자들을 보면서 어떤 계획을 어떻게 세우고, 실천하고 이뤄갈 수 있을지 모르겠다. 계획이 그냥 계획으로 끝날 것 같다는 생각도 든다. 하지만 돈이 드는 일도 아니고, 그대로 되지 않는다고 압박을 주는 사람도 없다. 밑져야 본전 아닌가?

나의 소확행 시간 중에 하나가 계획 세우는 시간이다. 계획을 세우고 그 계획대로 하나씩 이루어져가는 나만의 '끌림'의 시간들이 좋다.

이소룡도 무명시절에는 "나는 할리우드 최고의 동양인 출신 배우가 된다."는 꿈을 쪽지에 적어 다니며 꿈을 꾸었고, 정말 그렇게 되었다고 했다. 유재석이 부른 노래 〈말하는 대로〉처럼 척척 되지는 않아도, 생각한 대로 일어나고 쓴 대로 이루어진다는 말에 가까워지기라도 한다면 얼마나 멋지겠는가.

계획을 세우면서 나는 큰 꿈을 꿀 수 있고, 세세한 실천을 계획

할 수 있다. 그래서 기분이 좋을 때도, 기분이 좋지 않을 때에도, 새해에도, 아침에도, 일하다가 혹은 공부를 하다가 졸음이 쏟아질 때에도 계획을 적어본다. 하루의 계획, 한 달의 계획, 일 년의 계획, 그리고 몇십 년 후의 계획까지 쓰다 보면, 신기하게도 모두 다는 아니지만, 그 계획대로 되어가고 있는 나의 하루와 한 달과 일 년을 발견한다.

아직 한창때라고 말하는 사람도 많겠지만, 주름이 늘고 흰머리가 조금씩 보이고 허리가 아픈 날이 하루하루 늘어나면 '나도 늙고 있구나.' 하는 생각이 들며 슬퍼지기도 한다. 하지만 겉으로 보이는 이런 변화들보다 훨씬 두려운 것은 내가 할 수 있는 일들이 줄어들고, 내가 할 수 있다는 믿음이 없어지고, 그러다가 열정 없는 마음으로 무미건조한 하루하루를 보내게 될 그 시간 속의 나다.

예측할 수 없는 노후이기에 걱정되지만 철저히 대비하고 준비하기에는 너무 막연한 것이 사실이다. 그렇다. 백세 시대의 노후 대비는 아무것도 준비가 되어 있지 않은 나에게는 너무나 더 어렵다. 그래서 노후를 걱정하고 준비하기에 앞서, 지금의 나부터 생각하기로 했다. 노후에 내가 행복하기를 바란다면, 지금 행복해야 내일 더 행복할 수 있다는 것이 아닐까? 비록 엄마, 아내, 딸, 며느리, 회사 직원, 학부모 등 해야 할 일들이 무수히 많고 지금의 역할들을 잘해내기도 버겁지만, 그 모든 역할들의 중심에 있는 '나'를 잃고 싶지 않았다.

지금 내가 무엇을 하고 싶은지, 무엇을 할 수 있는지, 그리고 무엇으로 행복해질 수 있는지, 지금 이 순간에 집중했다. 그리고 실천하기로 했다. 그래서 감히, 그리고 과감하게 두 아이의 엄마로서 교사가 되기를 결정할 수 있었다. 교사가 안정적이고 아이들을 키우기에 좋은 직업인 것도 맞다. 하지만 나의 꿈, 내가 하고 싶은 것, 내가 하루하루를 행복하게 살 수 있는 것에 대해서 생각해보니 더 명확하게 앞으로의 길이 보이기 시작했다. 나에게는 더없이 중요한 노후 준비의 시작이었다.

열심히 산다는 것은 누구에게나 쉽지 않은 일이다.
그럼에도 열심히 오늘을 살아내는 것은
오늘 애써 내딛은 한걸음이
내일의 발자국으로 남기 때문일지도 모른다.
나의 아이들이 내 발자국을 보며 따라올 것을 알기에
나는 오늘도 열심히 나의 걸음을 내딛는다.

Chapter 4

저는 계속 공부하는
엄마입니다

공부하는 엄마가
아이에게 미치는 영향

○
●
○

우리 집도 말로만 듣던 텔레비전 없는 집이 되었다. "집에 텔레비전이 없어서요."라고 말하는 사람을 세상 제일 불쌍한 사람이라고 생각했던 텔레비전광인 내가 텔레비전을 없애게 된 몇 가지 계기가 있었다.

"채니, 주니. 이제 텔레비전 그만 볼까?"

"엄마, 아빠도 이제 그만 보는 거야?"

"채니, 주니. 이제 책 좀 읽을까?"

"엄마, 아빠도 책 볼 거야?"

언젠가부터 채니, 주니에게는 행동에 대한 이유가 필요해졌다. 엄마, 아빠는 모범이 되어야 했고, 아이들에게 하지 말라면서 하고 있는 일들과, 아이들에게 하라면서 하지 않고 있는 일들에 대해 장황한 설명이 필요했다. 참 어려운 일이었다. 내가 하고 싶은 대로 할 수 없다는 다른 말과도 같았기 때문이다. 그리고 많은 것들을 깨닫게 되는 부분이기도 했다. 내가 하고 싶지 않은 것들을 얼마나 아이들에게 강요하고 있는지, 내가 하고 싶은 것들을 아이들에게 얼마나 하지 못하게 하는지를 여실히 느낄 수 있었기 때문이다. 그래서 텔레비전을 없앴다. 아이들에게 실천의 중요성을 보여주는 하나의 수단이기도 했다.

동시에 우리 가족 간의 대화와 소통이 필요하다고 생각했다. 집에 들어섬과 동시에 텔레비전을 켜는 습관이 있던 나는, 텔레비전을 켜놓으면 뭔가 조금 더 안정감이 느껴졌다. 반대로 꺼져 있으면 뭔가 허전했다. 하지만 아무런 대화 없이 모두가 한 줄로 앉아 텔레비전에서 먹이라도 던져주는 것마냥 입을 벌리고 앉아 있는 가족들의 모습을 우연히 본 후 생각이 달라졌다. 소통의 부재는 가족의 불행을 가져오는 씨앗이라고 하지 않던가.

또 다른 이유는 둘째 주니가 안과에서 간헐적 사시 진단을 받았기 때문이었다. 정확한 원인은 알 수 없지만 전자기기와 멀리 지내는 것이 그나마 할 수 있는 최소한의 노력이었다.

그리고 마지막으로 나의 공부를 위해서였다. 우리 집 거실은 요즘 〈공부가 머니?〉 속에 나오는 집을 떠올리며 벽면 책장과 큰 테

이블을 놓고 책을 있는 대로 꽂아두었는데, 결과는 '책이 좀 많은 놀이방'이었다. 유치원생 둘째 주니 덕분에 아직 쌓여 있는 장난감도 많고 미끄럼틀과 여러 악기들까지 즐비한 놀이 공간이 된 것이다.

임용고시 면접을 준비할 때 '코이의 법칙'에 대해서 알게 되었다. 코이의 법칙이란 비단잉어의 하나인 코이가 환경에 따라 성장하는 크기가 달라지듯이 사람도 환경에 비례해 능력이 달라진다는 법칙이다. 같은 물고기인데도 어항에서 기르면 피라미가 되고 강물에 놓아 기르면 대어가 될 수 있는 것으로, 내가 선택하고 만들어 가는 환경과 사람들의 중요성을 말해주는 법칙이기도 하다. 아이들에게 많은 것들을 경험하게 해주는 바깥 환경도 중요하지만, 많은 시간을 함께 보내는 집의 환경도 중요한 이유이기도 할 것이다.

물론 아이들이 거실에서 책만 읽고 공부만 하지는 않는다. 하지만 둘이 꽁냥꽁냥 놀이를 하는 시간도 늘었고, 그림도 그리고 책도 보며 자기가 하고 싶은 것들을 하는 시간이 늘었다. 텔레비전을 좋아하는 엄마 덕분에 줄줄 꾀고 있던 드라마 제목과 최신 광고보다는 좀 더 어린이에 걸맞는 시간을 보내게 되었고, 아직도 태블릿으로 키즈 유튜브를 보는 시간을 엄청 좋아하긴 하지만, 예전보다는 유튜브 속 언니 오빠들과도 자연스레 거리를 두며 그 시간에 아빠, 엄마와 산책 가거나 줄넘기하는 것을 더 좋아하는 아이들이 되었다. 우리는 조금 더 많이 이야기 나누고 조금 더 서로의 얼굴을 마주하고 식사를 한다.

솔직히 공부하는 엄마가 아이들에게 미치는 영향이 눈에 띄게 보인다고 하면 거짓말일 것이다. 아이들은 여전히 노는 것을 가장 좋아하고, 유튜브 보는 시간을 기다리고, 책과는 아직 완전한 친구가 되지는 못했다. 그럼에도 불구하고, 작은 변화들에 집중하면 그 역시 사소하지 않음을 발견하게 된다. "엄마는 텔레비전 보면서 나는 왜 안 돼?"라고 묻던 첫째는 더 이상 이 질문을 할 수 없어졌고, 텔레비전을 보다가 숙제를 하지 않는 일이 없어졌으며, 둘째는 텔레비전 보며 밥 먹느라 밥을 제대로 먹지 않는다고 핀잔을 듣는 일이 줄었다.

내가 원했던 모든 변화가 있었는지는 객관적으로는 증명하기는 어렵다. 다만 이런 노력들로 나와 아이들이 매일 조금씩 더 좋은 방향으로 성장하고 있다고 믿을 뿐이다. 철학자 헤겔은 "마음의 문을 여는 손잡이는 안쪽에만 달려 있다."라는 말을 했다. 나의 마음의 문을 여는 것은 언제나 가능하지만, 아이들의 마음의 문은 아이들만이 열 수 있는 것이기에 조금 더 내가 아이들에게 줄 수 있는 영향을 고민하며 하루하루 더 최선을 다해본다.

"애들아, 너희가 해줬으면 하는 일들을 엄마가 먼저 하도록 노력해볼게. 너희가 하지 않았으면 하는 일들을 엄마가 하고 있지는 않은지 먼저 생각해볼게."

공부도 대신 해줄 수 있다면

"말을 물가로 데려갈 수는 있어도 물을 억지로 먹일 수는 없다."라는 말이 있다. 그래서 많은 부모들이 눈에 넣어도 아프지 않을 내 아이의 미래를 위해 나는 무엇을 어떻게 해줄 수 있을까 고민한다. 자투리 시간을 활용해서 교육 영상을 시청하기도 하고 자녀교육서를 열심히 찾아서 읽기도 한다.

하지만 마주하는 현실은 사뭇 다르다. 잘나가는 많은 교육서 속의 아이는 내 아이와 다르고, 내가 해줄 수 없는 많은 일들과 만들어주지 못하는 상황 속에서 오히려 좌절감을 느끼게 되기도 한다. 좋다는 교육서를 읽으면 읽을수록 쌓여가는 것은 아이의 학습 지식이 아니라 나의 자녀교육 지식이고, 늘어나는 건 아이의 학습량이 아니라 나의 지시량일 뿐이다. 기대가 크면 실망도 커진다고 아이를 위해 그렇게 노력했건만 오히려 관계가 어긋나기도, 공부를 싫어지게 만드는 부작용을 낳기도 한다. 생각해보면 이유는 간단하다. 아이는 내가 아니기 때문이다.

하루는 채니가 일기장을 가져와서 보여주었다. 아직까지 엄마한

테 비밀이 없는 채니지만 그래도 일기장을 가져와서 일부러 보여주지는 않는데, 일기장을 통해 나한테 하고픈 말이 있는가보다.

"나는 수학이 정말 싫다. 수학 공부를 할 때마다 엄마와 나의 사이가 점점 멀어지는 것 같다. 잘하고 싶은데 수학 공부를 할 때면 머리가 얼음이 된다."

그래서 엄마는 참 힘든 것 같다. 세상에 대부분의 일들이 열심히 하면 그래도 하는 만큼은 결과가 있었던 것 같은데, 내가 열심히 아이에게 수학을 가르칠수록 아이는 수학이 싫어질 줄 누가 알았겠는가. 나는 열심히 한다고 하는데 이렇게 아이가 공부를 싫어하게 만드는 원인이 되기도 하니 참 어렵다. 게다가 이렇게 재능도 없고 역효과를 내는 일이라면 그만두고 하지 않으면 그만인 것을, 엄마는 그럴 수가 없다.

오늘도 난 아이들에게 큐브를 알려주려고, 주산을 가르치려고, 바둑을 함께 두려고, 영어로 대화하려고 영상을 보며 공부를 한다. 학원을 보낼 수도 있지만, 엄마가 배워서 함께할 수 있다면 그것이 가장 좋은 교육이라고 생각하기 때문이다. 모든 육아와 자녀교육에는 정답이 없듯이 이 역시 그냥 전문가에게 맡기라는 사람이 있을 수도 있을 것이다. 그렇지만 앞서 말한 것처럼 정답은 없기에 나의 방법은 다른 것이지 틀린 것일 리는 없다.

아이들도 어느 순간 알게 될 것이다. 지금은 엄마가 세상에서 가장 큰 존재고, 모르는 것이 없는 사람이며, 뭐든지 다 해줄 수 있는 사람이라고 생각하지만, 커가면서 점점 엄마도 나약할 때가 있고, 모르는 것들이 많고, 뭐든 다 해줄 수 있는 사람이 아니라는 것을 알아갈 것이다. 하지만 그런 엄마가 항상 새롭게 도전하고 열심히 공부한다는 사실 역시 알게 될 것이다. 늘 최고는 아니어도 늘 최선을 다하는 모습을 꼭 보여주고 싶다.

하루에도 수많은 공부거리들과 숙제거리들로 아이와 실랑이를 벌이고, '정말 이게 얼마나 중요한 것일까'라는 생각을 하면서 닦달을 하고 있지만, 나는 아이들이 무엇보다 살아가면서 하루를 최선을 다해 즐겁게 보내고, 주변 사람들에게 감사와 사랑을 표현할 줄 알고, 계절을 담은 하늘과 공기의 변화 같은 사소한 것 같지만 사소하지 않은 것들을 배우고 느끼며 살아갈 줄 아는 아이들이었으면 참 좋겠다. 그래서 나도 그런 하루를 보내려 노력한다. 나의 모습에서 나의 엄마의 모습이 보이듯 나의 아이들에게서도 지금의 나의 모습이 보일 것을 믿기 때문이다.

공부하는 엄마의 빈자리로 외롭기보다는 함께하는 시간을 더 소중히 여길 수 있었으면 좋겠고, 엄마의 빈자리로 부족함을 느끼기보다는 스스로의 힘으로 채울 수 있는 자립심이 강해지는 시간이었으면 좋겠고, 엄마의 도전과 실패를 보며 세상의 한계를 느끼기보다는 꿈을 꾸고 용기를 낼 줄 아이들이었으면 좋겠다.

"엄마의 욕심은 그래. 그래도 걱정 마.

엄마는 너희들이 그렇지 않다 해도 사랑해.

엄마의 사랑은 그 욕심보다 한참 더 크거든."

엄마의
멈추지 않는 도전

○
●
○

일본 애니메이션 〈날씨의 아이〉에 이런 대사가 나온다.

"만약 신이 계신다면 부탁드려요. 이걸로 충분합니다. 이대로 괜찮습니다. 우리는 어떻게든 살아갈 수 있습니다. 그러니, 제발 우리에게 아무것도 주지 마시고, 우리에게서 아무것도 빼앗아 가지도 말아주세요. 신이시여, 부탁드립니다. 우리가 계속, 더 이대로 있게 해주세요."

내가 발령받은 학교에서 첫해를 무사히 보내고 마무리할 즈음이었다. 며느리의 꿈을 향한 도전을 대견해하시고 실패에도 다시 일어서라는 용기를 가장 먼저 건네주셨던 시아버지께서 갑작스럽게 우리 곁을 떠나셨다. 우리 모두 놀랐고, 황망함에 어떻게 해야 할지 몰랐다. 큰 기둥이 튼튼히 받쳐주는 처마 아래 있었는데 그 기둥이 무너져 내린 기분이었다.

우리 아이들에게는 왕할머니, 친할머니, 외할머니, 이모할머니까지 많은 할머니가 계시지만 할아버지는 딱 한 분이셨고, 최근에는 등하원도, 참관수업도 함께해주시던 둘도 없는 할아버지셨다. 아이들은 할아버지의 사랑을 듬뿍 받아왔고, 그런 할아버지가 친구처럼 편했다. 그렇게 우리 곁에서 늘 언제나 버팀목이 되어주셨고, 우리는 더 이상 욕심낼 것이 없다, 이만하면 좋다고 생각했는데, 더 큰 욕심은 내지 않았던 것 같은데, 세상은 가끔 가혹하리만큼 모든 것을 허락하지는 않는다.

남편과 함께 〈날씨의 아이〉를 보면서 주인공 아이처럼 눈물이 났다. 그리고 마음속으로 간절히 빌었다. 앞으로는, 더 이상은 빼앗아 가지 말아주세요.

뺏기고 싶지 않은 마음과 순간과 사람이 있다. 모든 순간이 영원할 수는 없지만, 모든 사람이 곁에 영원히 머무를 수는 없지만, 늘 어떤 소중한 것들에 대한 존재의 부재를 생각하면 마음이 무겁다. 그렇지만 그렇기에 오늘을 더 열심히 살아야 하고 오늘을 더 감사하며 행복하게 살아야 된다는 생각을 하기도 한다.

새로운 꿈은 또다시
내 마음을 뛰게 한다

나는 교사라는 직업이 참 좋다. 아이들과 함께하는 시간이 좋고, 아이들에게서 뿜어져 나오는 에너지가 좋다. 아이들은 모두 저마다의 개성이 있고, 그런 다양한 색을 지닌 아이들과 매일매일 다른 시간을 함께한다는 것은 정말 멋진 일인 것 같다. 집에 있는 나의 아이들과의 시간이 소중하듯 학교에 있는 많은 나의 아이들과의 시간 역시 소중하다. 이렇게 교사라는 일이 좋고 꿈을 이뤄서 행복하지만, 나는 여전히 나의 새로운 꿈이 나의 몸과 마음을 뛰게 할 수 있음을 믿고, 언제든지 또 다른 새로운 삶이 펼쳐질 수 있다는 가능성을 믿는다. 그래서 또 다른 도전을 시작했다.

교사가 되고 나서 나는 배울 수 있는 기회가 더 늘어났다. 영어 연수도 듣고, 중국어 연수도 듣고, 아이들의 진로 상담을 위한 진로 코칭 연수도 듣고, 필수 연수인 안전 연수를 비롯해 학교를 오가는 시간 그리고 방학 시간을 활용해서 글쓰기 연수를 듣게 되었다.

나는 글 쓰는 것을 좋아한다. 어려서부터 쓰는 일에는 굉장히 흥미가 있었다. 그래서 나는 말하는 사람보다는 쓰는 사람이 되고 싶었다.

어쩌다 보니 나는 '말로' 가르치는 일을 하고 있지만, 나는 사실

말보다 글이 편하다. 내 생각을 더 잘 표현할 수도 있다. 그랬었는데, 그렇게 좋아하고 어렵지 않은 일이었는데, 책을 쓴다는 것은 생각보다 힘들었다. 글을 쓴다는 것과 책을 쓰는 것은 너무도 달랐다. 독자를 생각하지 않을 수 없었고, 나의 모든 것들을 내려놓고 진실한 마음으로 글을 마주한다는 것도 쉽지 않았다. 글을 다 쓰고 나서는 내가 잘 쓴 것인지 자신이 없어지며 이대로 괜찮은지 확신이 서지 않았다. 답이 없는 엄마 노릇과도 비슷하다는 생각이 들었다. 그래서 자꾸 멈칫멈칫하게 되었다.

게다가 일도 하고 아이를 돌보면서 글을 쓴다는 것은 매 순간이 고비였다. 그냥 그만두고 싶기도 했다. 글을 써서 내가 무슨 부귀영화를 누리겠다고. 작가는 아무나 하나. 이런 여러 가지 생각들이 몸과 마음을 더 피곤하게 했다. 그런데 글을 쓰다 보니 생각했던 것보다 좋은 점도 많았다. 내가 했던 행동과 말들은 물론 다른 사람들의 말과 행동에도 더 주의를 기울이기 시작했다. 항상 좋은 엄마, 선생님, 아내, 딸, 며느리 등 좋은 사람이 되고 싶긴 했지만 잘하고 있는지, 이것이 맞는지 망설여질 때가 많았다. 물론 지금도 그렇다. 하지만 글을 쓰면서부터는 나의 행동들에 대해 좀 더 세심하게 후회도 하고 칭찬도 할 수 있는 계기를 만들 수 있게 되었고, 아이들이 하는 말과 행동, 가족들이 하는 말과 행동을 조금 더 마음으로 느낄 수 있는 시간을 만들 수 있게 되었다.

엄마로서 여러 가지를 도전하면서 얻은 나름의 교훈이 있다면 먼저 내가 바꿀 수 없는 것들은 인정해야 한다는 것이다. 그리고 바꿀 수 있는 부분에서는 용기를 내어 부딪쳐야 한다. 새로운 도전을 하다 보면 지금까지 해왔던 것보다 더 많은 장애물 앞에서 어려움에 부딪힐지 모른다. 아이들이 크고 있기에 더 좋은 면도 있지만, 아이들이 크고 있기에 더 힘든 점들이 늘어날지도 모른다.

하지만 어찌 생각해보면 상황은 항상 똑같이 녹록치 않다. 늘 나를 멈추게 하는 것들이 존재하고 나를 움직이게 하는 것들이 존재한다. 나를 움직이게 하는 것들에 좀 더 주의를 기울이고 나를 막아서는 것들을 하나하나 해결해나가며 새로운 도전을 꿈꾸고 앞으로 나아가는 모습을, 오늘도 난 아이들과 함께할 생각이다.

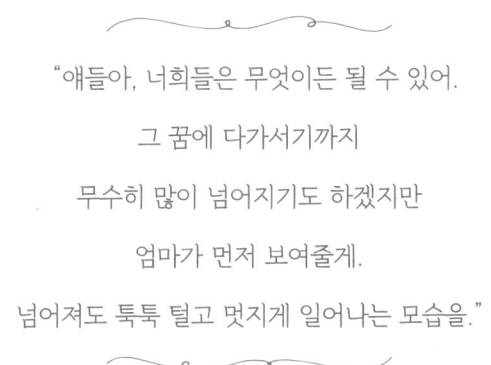

"애들아, 너희들은 무엇이든 될 수 있어.
그 꿈에 다가서기까지
무수히 많이 넘어지기도 하겠지만
엄마가 먼저 보여줄게.
넘어져도 툭툭 털고 멋지게 일어나는 모습을."

임용보다 어려운,
두 딸 엄마로 살아가는 법

○
●
○

"엄마, 오늘 학교에 오면 교실에 와서 나도 꼭 보고 가야 돼."

엄마가 학교에 오는 날이 참 좋았다. 일 년에 한 번 정도 되었으려나? 엄마가 교무실에서 선생님만 뵙고 가도 되는데 나는 굳이 교실에 꼭 왔다가 가라고 말했던 기억이 난다. 엄마가 오면 내 양쪽 어깨가 5센티는 올라간다. 나에게 엄마는 세상에서 제일 예쁘고 멋진 사람이었으니까.

얼마 전, 우리 아이들의 어깨가 그 시절 나만큼 올라가는 모습을 보게 되었다. 캠핑장 잔디밭에서였다. 나는 어려서 시골 외할머니 댁에서 잠깐 지내기도 했고 우리 동네에도 풀밭이 많았기 때문에 잠자리 잡는 건 그다지 어려운 일이 아니다. 잔디밭에서 모든 아이들이 잠자리채를 들고 재빠른 잠자리의 꽁무니를 쫓기 바쁠 무렵 우리 집 꼬맹이들도 땀이 송글송글 맺히도록 달려다니고 있었다. 그때 마침 내가 등장해 무심히 휘두른 잠자리채 안에 잠자리가 잡혀 있었던 것이다. 그때 옆에 있던 남편은 순간을 놓치지 않고 사진을 찍었는데, 그 사진 속에서 아이들은 잠자리가 아닌 다른 아이들의 눈을 보고 있었다. 나의 학창 시절 모습이 떠올랐다. 우리 꼬맹이들은 눈으로 이렇게 말하고 있었다.

'우리 엄마야. 우리 엄마 잠자리 잘 잡지?'

엄마가 학교에 오는 게 좋았던 이유는 엄마가 예뻐서만은 아니었다. 엄마가 있으면 나도 모를 힘이 솟았다. 발표회 때도 그랬고, 공개수업 때도 그랬다. 나는 달리기를 정말 못하던 아이었는데, 엄마가 없는 운동회 날에는 어김없이 꼴등으로 결승선을 통과하던 내가, 운동회 날에 엄마가 결승선 앞에서 응원하는 모습을 보고는 손등에 1등 도장을 받았던 적도 있었다. 그래서 나는 아이들 학교에 가는 날은 꼭 열일 제치고 달려가는 엄마가 꼭 되고 싶었다.

엄마가 선생님이면
다 좋을 줄만 알았어

직장맘이었던 나는 눈치가 보여 연차를 맘껏 쓰지 못해서 아이들 행사에 잘 참여하지 못했고, 고시생맘이었던 나는 시간이 되지 않아 행사에 다 가지 못했다. 선생님이 된 나는 어땠을까? 학교와 유치원에 입학하는 첫날, 나도 학교에서 입학식이 있었기 때문에 아이들의 입학식은 사진 속에서 확인해야 했다.

물론 나의 어린 시절과는 상황이 많이 다르긴 하다. 엄마가 오지 않으면 혼자였던 나와는 달리, 내가 가지 않아도 아빠, 할머니, 할아버지 모두가 함께 입학식을 함께하고 축하해주니 엄마의 빈자리는 그리 크지 않았을 수도 있다. 하지만 유난히 키가 작아 자기보다 더 큰 가방을 메고 처음 학교에 가는 아이를, 눈에 보이지 않는 곳에서 떨어져서 응원해야만 했던 엄마인 나의 마음에는 미안하고 안쓰러운 장면이다.

학부모 모임이나 다른 엄마들과의 만남과 대화도 편하지 않았다. 처음에는 그저 직장맘 엄마들의 모임에서 소개하며 가볍게 직업에 대해서 얘기했었는데 시간이 지날수록 괜히 얘기했나 하는 생각이 들 때가 많았다.

"교사니까 더 잘 아시겠지만……."

"교사라서 걱정 없으시겠어요."

교사라면 다 잘 알거라 생각하고, 교사 자녀면 뭐든 다 잘하고 걱정이 없겠다는 주변 시선이 너무 부담스러웠다. 나 역시 학부모는 처음인데, 우리 아이도 나도 처음 겪게 되는 학교 생활과 학부모 생활이 낯설고 너무 어렵기만 한데 다들 교사맘은 다를 거라고 생각했다. 학부모의 입장에서 생각하기보다는 교사의 입장에서 생각할 것이라는 색안경을 끼고 대화를 나누게 되었고, 그래서 나는 아이 반 학부모 모임이 점점 편하지 않았다.

엄마가 선생님이면 뭔가 아이가 다를 것이란 생각은 나를 포함한 많은 사람들의 착각이었다. 엄마는 그저 일을 하는 사람이고, 그 일이 가르치는 일일 뿐이다. 다른 사람들에 비해 교육학 지식을 많이 섭렵하고 있지만 우리 아이에게는 적용되지 않아 오히려 더 답답하고 불안할 때가 많고, 방학이 길어서 아이와 함께 많은 시간을 보내고 좋은 추억을 많이 만들어줄 수 있을 것 같지만 내 충전 시간은 없어서 오히려 방학이 아니라 더 힘든 시간으로 다가온다. 이런 점은 내가 선생님이 되기 전에는 꿈에도 몰랐던 교사맘의 실상이었다.

아직도 우리 아이는 엄마 손이 필요한 어린 학생일 뿐이고, 나는 오늘도 아이가 스스로 공부하는 방법을 검색하는 엄마이며, 학원을 뭘 보낼까 고민하고, 안 한 숙제 때문에 혼내고, 그러면서도 함께 많은 시간을 보내주지 못해 그저 미안한, 똑같은 엄마일 뿐이다.

딸 둘이면
금메달이라고 했는데

채니는 겁이 많다. 자주 아프고, 자주 힘들다고 한다. 주니는 씩씩하다. 아주 가끔 아프고, 아주 가끔 힘들다고 한다. 채니는 항상 징징거려서 속상하지만 안쓰럽고, 주니는 늘 의젓하고 기특하지만 그래서 또 안쓰럽다.

주니가 아침에 일어나서 말했다.

"엄마, 귀가 잘 안 들려."

"그래? 막 일어나서 그런가봐. 좀 있으면 괜찮아질 거야."

"엄마, 귀가 잘 안 들려."

"그래? 그럼 한번 봐줄게."

귀 상태가 이렇게까지 좋지 않은 줄은 상상도 못 했다. 이 정도면 불편하다고 징징거렸을 법도 한데, 이 꼬맹이 참 무던하다 못해 무디다. 사흘 동안 병원을 다니며 일주일이나 항생제를 먹어야 했다.

두 아이를 키운다는 건 그렇다. 하나가 아니기에 비교가 시작되고 상대성을 갖게 된다. 둘이어서 둘 모두를 존중하고 칭찬하고 싶은데, 어느 순간 한 아이는 비교당하고 소외받기도 한다.

예민하지 않고, 씩씩하고, 그저 잘 자라준다는 이유로 몰라주고, 많이 신경 써주지 못한 건 아닌지 마음이 아린다. 오늘따라 무던해서 안쓰러운 꼬맹이, 우리 주니. 무던한 너에게 무디지 않은 엄마가 될게.

딸 둘이면 금메달이라는 말이 있다. 나와 내 동생이 자매니까, 우리 엄마도 금메달을 딴 것과 다름없다. 엄마도 그렇게 생각하고 계실까? 사실 나와 동생은 자라면서 그렇게 우애가 돈독하지 않았던 것 같다. 서로 많이 달랐고, 서로 잘 이해를 못했고, 그래서 많이 다투기도 했고 대화도 많이 나누지 못했다. 지금 생각하면 이런 우리를 보고 엄마가 많이 속상하셨을 것 같다.

아이들을 키우면서 속상할 때가 많이 있지만, 아플 때 다음으로 속상한 것이 둘이 싸울 때다. 잘 지냈으면 좋겠어서 어르고 달래고 혼내기도 해보지만, 세상 둘도 없이 친한 자매이다가도 세상 둘도 없는 원수가 되어서 울고불고 싸우곤 한다.

내가 엄마가 되고서 우리 엄마를 더 이해하게 되었듯이, 채니 주니를 보면서 자매에 대해서 더 이해해가곤 한다. 결혼하고 가까이 살지 못하면서 여동생이 있다는 것이 너무 좋기도 하고, 하나뿐인 동생이 대견하기도 든든하기도 보고 싶기도 하다. 그 전에는 왜 좀 더 언니처럼 챙겨주지 못했을까, 좀 더 신경을 써주지 못했을까 생각도 들지만, 그때로 다시 돌아간다 해도 아마 똑같았을 것이다.

둘을 키우다 보면 서로 같은 점에 놀라고 다른 점에 놀라기도 한다. 아이를 둘 키우는 것은 두 배가 아니라 네 배, 여덟 배 힘들다는 말이 있다. 체력적으로도, 심리적으로도 아이가 둘인 것은 참 힘들다. 오늘은 첫째 채니와 시간을 많이 못 보낸 것 같다 싶으면 어김없이 가까이 와서 묻는다.

"엄마는 세상에서 누가 제일 좋아? 딱 한 명만 얘기해야 돼. 난 엄마가 1등인데."

둘째 주니와 시간을 많이 못 보낸 것 같다 싶으면 주니는 아빠한 테 가서 말한다.

"엄마는 언니랑 같이 자. 나는 아빠랑 같이 잘 거야."

나는 똑같은 크기의 사랑을 하나씩 둘에게 모두 주고 있다고 생각하는데, 두 아이는 하나의 사랑을 둘에게 다르게 나누어주고 있다고 느끼기도 하는 것 같다.

"부족한 엄마에게 가장 사랑한다고
매일 속삭여주는 너희들이 있어서
세상 누구보다도 행복해. 둘 모두를 너무 사랑해.
금메달을 목에 건 엄마는
그 무게가 무겁다는 것을 알지만
그래서 더 기쁜 맘으로 노력할게."

걱정 마,
엄마도 엄마를 공부하고 있어

○
●
○

『화에 대하여』라는 책을 들고 출근한 나에게 동료 선생님이 말했다.

"어머, 선생님이 이런 책 읽으시니 안 어울려요, 선생님도 화낼 줄 아세요?"

"남편이 추천해주더라고요. 제가 집에서 너무 화를 냈나봐요."

"상냥 총량의 법칙이 있다더니, 학교에서 너무 다 소진하시는 거 아니에요?"

"어머 그런 법칙이 있어요?"

총량의 법칙에 대해 관심을 갖게 된 것은 그날 이후였다. 총량의 법칙은 재미있게도 참 많은 곳에 적용됐다. 지랄 총량, 고통 총량,

친절 총량, 불행과 행복 총량.

집에 들어가서 학교에 다녀온 채니의 가방을 봤는데, 제출하지 않은 숙제가 가방에 그대로 있었다. 코로나19로 인한 원격학습 상황에서 한 달 동안 집에서 해 가는 과제였고, 한 50장은 되는 과제 묶음을 챙겨주느라 전날 적잖게 고생을 했다.

"채니야, 왜 숙제 안 냈어? 다른 친구들도 안 냈어?"

"아니, 나랑 다른 친구 두 명 안 냈어."

"왜 안 냈는데?"

"안 푼 문제가 있어서."

맙소사, 50장 중에 안 푼 문제가 있었다고 그걸 지금 안 내고 온 것이 실화인가? 너무너무 화가 났다. 앵그리 맘으로 변신하는 데는 채 5초도 걸리지 않았다.

"그거 하나 안 풀었다고 너만 숙제를 안 내면 어떻게 해! 엄마가 꼭 내라고 했잖아!"

눈물을 뚝뚝 흘리던 채니는 제 방에서 숨죽이고 있다가 잠이 들었다. 모든 엄마가 그렇듯이 자고 있는 아이를 보면, 그제야 왜 그랬을까 생각이 들면서 마음이 허하고 짠하다. 안쓰럽기 그지없다.

후회가 밀려온다. 풀지 않은 문제가 보여서 차마 숙제를 다 했다고 낼 수 없었던 채니의 마음을 헤아리지 못했다. 숙제를 오늘 내지 못했다고 그게 그리 큰 문제도 아닌데, 나는 왜 그렇게 크게 화가 났던 것인가. 상냥 총량의 법칙이 떠오르는 순간이다. 나는 오늘도 내 아이에게 베풀 상냥과 친절조차 남기지 않고 다 탕진하고 돌아왔던 것인가.

다음 날 나는 채니를 안아주며 말했다.

"어제 채니가 열심히 다 완성한 숙제를 선생님께 안 내고 집에 다시 가지고 와서 너무 속상해서 화를 냈어. 채니가 얼마나 열심히 했는지 선생님께 보여드려야 하는데 숙제 하나도 안 한 아이처럼 보일까봐 걱정도 됐어. 그래도 화내지 않고 말할 수 있었는데 화내서 미안해."

"괜찮아, 엄마. 나도 미안해. 다음 주에는 꼭 내고 올게. 근데 엄마, 『화에 대하여』는 다 읽었어?"

'아빠가 혹시 시켰니?'라는 말이 턱끝까지 차올랐지만, 어제의 나를 돌이키며 반성하는 시간을 갖기로 했다.

"걱정 마. 엄마가 『화에 대하여』 열심히 읽을게."

진부한 글은 싫지만 육아 이야기가 공통적으로 갖는 진부함으로 나 역시 글을 끝낼 수밖에 없다.

"기승전 사랑해 우리 딸."

가끔은 그런 생각을 한다. 나의 이런저런 모습을 묻고 재고 따지지 않고 가장 사랑해주는 사람은 어쩌면 내 아이들이 아닐까? 엄마가 가장 예쁘다고 하고, 엄마를 세상에서 가장 사랑한다고 표현해주는 내 아이들 때문에 더 좋은 엄마가 되리라는 다짐을 수도 없이 하는 것 같다. 그런데 엄마를 공부한다는 것은 너무 어렵다.

내가 해본 공부 중에 가장 어려운 것이 엄마 공부였다. 좋은 엄마의 기준은 없다. 화내지 않고 상냥한 엄마, 학원 없이 아이 공부를 잘 지도하는 엄마, 아이의 자존감을 높여주는 엄마, 아이가 많이 경험하고 느낄 수 있도록 도와주는 엄마 등 사실 엄마 공부는 정답이 없고, 모두 다르게 말하고, 실천도 가장 어렵다. 어떤 날은 '이만하면 나도 좋은 엄마인 것 같아.'라는 생각이 들다가도, 또 어떤 날은 내가 뒤적이는 책에서 '이런 부모는 최악'이라는 문구들만 모아서 내 아이들 앞에 서 있던 날도 있지 않았던가.

분명 나도 좋은 엄마가 되고 싶고 좋은 엄마가 되려고 노력하고 있는데 왜 이리도 어려운 것일까, 엄마도 엄마가 처음이라는, 엄마도 엄마를 공부하고 있다는 말들로 위안을 받기에는 너무도 빠르게 아이들도 자라고 있어서 덜컥 겁이 나기도 한다.

내가 아이에게 좋은 엄마가 되지 못하는 순간들을 떠올려보면 내 안의 불안함이 크게 자리잡았을 때인 것 같다.

유치원에서 전화가 왔다.

"어머님, 주니가 오늘 다른 친구에게 한 대 맞아서 조금 울었어요."

엄마의 마음은 참으로 이기적이어서 내 자식이 누군가를 때렸다고 해도 마음이 불편하지만, 내 자식이 누군가에게 맞았다고 하면 마음이 더 내려앉는다. 계속 이렇게 맞을까봐 불안한 마음이 들기 시작하면 아이의 마음을 알아주고 공감해주는 데서 끝나지 않고 앞으로 어떻게 해야 하는지에 대해서 지시하기 시작한다. 차마 같이 때리고 싸우라고는 못하기에 급기야 큰 소리로 대항하는 법을 가르친다.

"엄마 따라 해봐. 때! 리! 지! 마! 그렇지, 더 크게 해봐."

가르치고 나서도 이게 맞는지 내 마음은 여전히 좋지 않다. 가장 큰 이유는 불안함 때문이다. 내일 또 맞지는 않을까? 이렇게 가르쳐도 되는 걸까?

학교에 다니는 첫째 선생님과 전화 통화 후 내 마음은 다시 또 불안함에 흔들린다.

"어머님, 채니가 지난주에 결석을 해서 이번 주 수학 시간에 잘 참여하지 못했어요. 다른 활동보다 수학 활동을 조금 더 어려워하네요. 그리고 채니가 생선 반찬은 아예 먹지 않아요. 골고루 먹을 수 있도록 집에서도 지도 부탁드려요."

건강하고 씩씩하게, 친구들과 사이좋게, 무난하게 학교 생활하는 것이 가장 중요한 것이라고 생각하고 있는 나지만, 이런 통화를 하고 나면 갈대밭의 갈대가 바람에 나부끼듯 마음이 휘청휘청거린다. 집에 가면 채니와의 힘든 시간이 시작된다. 그동안 못 했던 수학 공부를 스파르타 식으로 하게 되고, 저녁 반찬은 생선이다. 생선을 먹어야 하는 이유를 열 가지도 넘게 설명하며 저녁 시간 내내 잔소리 대마왕이 되곤 한다.

사실 나의 의도는 그게 아니었다. 수학에 좀 더 자신감을 가지고 학교에서 부담을 내려놓을 수 있었으면 좋겠고, 생선을 잘 먹지는 않아도 가리지는 않았으면 하는 것인데, 엄마의 불안함이 오늘도 아이를 수학과 생선으로부터 조금 더 멀어지게 한 것 같아 마음이 좋지 않다. 참 어려운 엄마 노릇이다.

아이의 학업은 물론 교우관계, 자존감, 습관, 영어 공부, 독서 등 모든 것이 지금이 적기란다. 그럼 이 모든 것을 적기인 '바로 지금' 다 해내려면 아이는 대체 잠잘 시간이 있긴 한 걸까? 일하는 엄마인 나는 대체 어떻게 하란 말인가.

누구나 내가 되고 싶은 나의 모습이 있다. 하지만 시간이 지나면서 깨닫는다. 내가 되고 싶은 나와 진짜 나의 모습이 다름을. 그리고 삶의 크고 작은 경험들 속에서 나는 이런 선택과 결정을 하고 이런 행동을 하는 사람이란 것도 알게 된다.

나도 내가 되고 싶은 엄마가 있었다. 하지만 매일 내가 돌아보는 나는 그 모습과 가까운 듯 멀다. 내가 이미 가지고 있는 많은 것들을 발견하는 일이란 쉽지 않은 일이다. 내가 가지지 못한 것들, 내가 해주지 못하는 많은 것들이 엄마인 나를 괴롭힐 때가 참 많다.

좋은 엄마의 기준은 너무도 다양하다. 그러나 내가 아직 이렇게 부족하다는 것을 인정하고 계속해서 노력하는 것만으로도 좋은 엄마에 가까이 갈 수 있는 가능성이 충분하다고 믿는다.

"가끔은 너희들의 눈으로
엄마를 바라보려고 노력해볼게,
너희들의 눈에 '완벽'은 아니어도,
매 순간 '최선'을 다하는
그런 엄마가 되고 싶어."

Part
2

엄마 공부는
달라야 한다

고3보다 치열한
엄마 공부법

Ready! _ 달리기 직전
몸 풀기

목표 관리 :
장단기계획 세우기

○
●
○

계획을 세우고 실행하는 것은 언제나 나 자신이다. 그래서 계획을 세우는 데 정답은 없다. 하지만 계획 세우는 게 취미인 나는 그때그때 다른 다양한 '플래닝' 방법을 가지고 있다.

이를테면 인생(장기) 계획은 프랭클린 플래너에, 하루(단기/공부) 계획은 데일리 플래너에, 경제 계획은 가계부에, 추가되거나 수정되는 공부 계획은 포스트잇에 적는 식이다. 요즘에는 스마트폰에서 쓸 수 있는 좋은 플래너 앱도 많다고는 하는데, 나는 여전히 아날로그 감성인가 보다.

특히 내 인생 계획은 엄마가 된 후 가장 많이 복잡해졌다. 우리 가족의 계획 속에 나의 계획이 존재하게 됐기 때문이다.

가족 전체의
장기 계획 세우기

먼저 나와 내 가족 전체의 장기 계획을 세워볼 필요가 있다. 내 계획에는 가족 전체의 계획이 당연히 영향을 미친다. 마찬가지로 내 계획에 따라 가족 전체의 계획이 달라지기도 한다. 내 계획에 따라 가족의 일상이 송두리째 뒤흔들릴 수도 있고, 가족의 계획에 따라 모처럼 세운 내 계획이 수포로 돌아갈 위기에 처하는 경우도 있다. 톱니바퀴처럼 각자의 인생이 가족이라는 틀 안에서 맞물려 돌아가기 위해서는 꼭 나와 내 가족의 계획을 함께 생각해보는 시간을 가져야 한다.

예를 들어 우리 가족의 인생 계획은 다음과 같다.

우리 가족의 인생 계획표

연도	내 나이	남편 나이	첫째 나이	둘째 나이	학교/ 회사	가족들 계획	내 계획
2017	35	37	5	2	첫째 유치원 입학, 둘째 어린이집		중국어, 영어 자격증 취득
2018	36	38	6	3	남편 과장 승진	해외여행-태국, 피아노학원, 태권도학원	고시 합격

2020	38	40	8	5	첫째 초등학교 입학, 둘째 유치원 입학	영어 학원	
2021	39	41	9	6	남편 대학원		책 출간
2026	44	46	14	11	첫째 중학교 입학	이사	두번째책출간
2029	47	49	17	14	첫째 고등학교 입학, 둘째 중학교 입학		

작성 팁

1. 연도별 우리 가족의 나이를 적는다.
2. 아이들이 학교에 입학하는 시기와 남편의 예상 회사 직책 등을 함께 적어본다.
3. 가족 전체의 계획을 그려본다. 이사나 차를 바꾸는 시기, 해외여행, 아이 학원 보내는 시기 등을 고려한 계획을 세워본다.
4. 지금까지 세워진 계획을 고려하여 아이들에게 엄마가 더 필요한 시간과 그 전에 내가 준비해야 하는 것들에 대해 생각해본다.
5. 장기 계획의 핵심은 마지노선이다. '이 시기까지 나는 이것에 도전하지 않으면 안 된다. 그 이후에는 시간이 없다'라는 생각으로 내 인생의 장기 계획을 세워보자.

물론 계획은 계획일 뿐일 수도 있다. 이 계획 중 어느 정도가 실현될지는 현재로서는 알 수 없기도 하다. 하지만 계획이 나를 이끈 것인지, 내가 그 계획을 이끈 것인지 정확하게 구분이 되지 않는 어느 순간, 그 계획에 가까워지고 있는 나를 발견할 수 있을 것이다.

공부 계획은
데드라인부터 거꾸로

단기 계획은 좀 더 구체적이고 현실적으로 실행 가능하게 세워야한다. 그래서 더 어렵게 느껴지기도 하지만, 계획은 세우라고 있는 것 아니던가. 도전해보자.

단기 계획에서는 데드라인이 가장 중요하다. 나의 모든 계획은 늘 데드라인부터 거꾸로 시작한다. 예를 들어 나는 고시 준비를 할 때 강의를 기준으로 1회독이 가능한 최단기간을 설정하고, 그 다음 회독은 나머지 기간을 고려해서 잡았다. 첫 번째 시험 준비를 할 때는 1회독에 걸리는 최단기간인 두 달을 제외하면 3주밖에 안 남는 상황이었기 때문에 첫 두 달 동안 전공과 교육학을 '파이널모의고사반' 수업을 들으면서 1회독 했고, 그 이후에는 한 주에 한 번씩 회독을 늘리는 방식으로 정리했다.

두 번째 도전 해에는 조금 더 시간적인 여유가 있었기 때문에 두 달을 기준으로 4회독을 계획했고, 점점 더 반복 기간을 줄여가면서 마지막 날 총 복습을 하고 시험장에 들어갈 수 있도록 했다.

나의 공부 계획

임용고시 도전 첫해(11월 셋째 주 시험)
9월 1일 공부 시작
시험 전날 D-1(1일) 5회독(총 복습)
11월 셋째 주 : D-1주 전(7일) 4회독
11월 둘째 주 : D-2주 전(7일) 3회독
11월 첫째 주 : D-3주 전(7일) 2회독
9월~10월 : D-2달 전(60일) 1회독
임용고시 도전 두 번째 해(11월 셋째 주 시험)
3월 1일 공부 시작
시험 전날 D-1(1일) 7회독(총복습)
11월 셋째 주 : D-1주 전(7일) 6회독
11월 첫째 주~둘째 주 : D-3주 전(14일) 5회독
9월~10월 : D-2달 전(60일) 4회독
7월~8월 : D-4달 전(60일) 3회독
5월~6월 : D-6달 전(60일) 2회독
3월~4월 : D-8달 전(60일) 1회독

다음은 내가 사용한 스터디플래너이다. 이 플래너의 앞에 쓰인 "오늘은 흘려보내는 것이 아니라 채워가는 것"이라는 문구가 마음에 들어 매일 들여다보고는 했다.

어떤 스터디플래너를 사용하든 맨 앞에 목차와 사용법이 자세히 나와 있지만, 경험상 설명서는 설명서일 뿐 자신만의 방법을 쓰게 되기 마련이며, 또 그게 효과적이기도 하다. 전체 달력에는 중요한

내가 공부할 때 사용한 스터디플래너

공시생/6개월용을 사용했다. 매일 계획을 세울 때 많은 도움이 됐다.

일정들을 적어놓고, 그 뒤에 매일 실천할 공부 계획을 열심히 짜고 수행하고 확인하는 용도로 사용하면 된다.

마지막으로 모든 계획을 세울 때 적용되는 이야기를 다시 한 번 강조하고 싶다. 바로 계획은 타이트하지만 실현 가능하게 세워야 한다는 것이다. 꽉 차 있는 듯하지만 그 안에 반드시 여유가 있어야 한다.

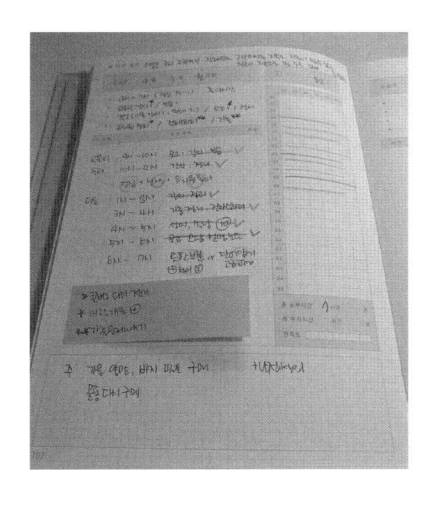

① 나를 위해 쓸 수 있는 시간을 생각해본다.

② 내가 꼭 해야 할 '오늘의 to do list'를 '공부'와 '일' 파트로 나누어 작성한다.

③ 중요한 순서대로 별표 체크를 한다.

④ 시간에 따라 계획을 세우지만 목표는 분량으로 잡는다.

⑤ 시험 시간표에 가까운 계획을 설정한다.

⑥ 오전에는 집중 자습, 오후에는 강의 듣기의 사이클을 지킨다.

⑦ 성취도를 눈으로 확인할 수 있도록 한다. 마치 게임의 미션을 계획을 실행한다.

⑧ 정해진 분량을 끝냈다면 쉬는 시간, 좋아하는 것을 하는 시간, 좋아하는 음식 등 보상을 준다.

⑨ 세분화하고 싶은 계획이나 추가 계획, 그리고 내일 참고해야 하는 계획은 체크리스트 포스트잇을 활용한다.

⑩ 매일 '오늘의 명언'을 읽는 시간을 반드시 가진다. 각오를 다지고 마음을 다잡고 생각을 키우는 시간이다.

체력 관리 :
최소한의 건강 붙들기

○
●
○

"**아빠** 1등, 주니 2등, 채니 3등, 엄마 꼴등!"

우리 집 달리기 시합 결과다. 나는 매번 우리 집의 작은 꼬맹이들을 이기지 못한다. 그 짧은 다리로 어찌나 빠르게 잘 뛰는지, 무엇보다 지치지 않는 체력이 가히 '에너자이저'급이다. 몸도 무겁고 여기저기 골골 아픈 곳이 많은 나는 달리기 시합에 선수로 껴주는 것만으로도 감사해야 할 판이다.

아마 나를 아는 사람들이라면 '체력 관리'라는 이번 꼭지의 제목을 보고 "풉!" 하며 먹던 물을 뿜을지도 모른다. 나와 체력이라는 단어는 전혀 친분관계가 없기 때문이다. 365일 중에 정상 컨디션이 65일은 될까? 소화기 및 호흡기 질환은 물론 면역력도 약하고 알레

르기 체질은 덤으로 갖췄다. 실비보험 청구이력도 이 정도면 블랙리스트에 이미 올라 있을지도 모른다. 참 둘째가라면 서러운 골골이다.

어려서부터 그랬으니 뭐 이제 익숙할 만도 하지만, 엄마가 된 뒤로는 상황이 달라졌다. 나도 아픈데 아픈 아이들을 챙기고 있는, 정말 눈물 없이는 봐주기 힘든 상황의 연속이다.

이런 내가 체력 관리를 논한다는 것 자체가 모순이긴 하지만, 나는 이제 혼자가 아니고 엄마이기에, 심지어 장기전을 대비해야 하는 고시생이 되었기에 체력 관리에 신경을 쓸 수밖에 없었다.

엄마들이 된 친구 모임에서 대화를 하다 보면 하나같이 예전에는 밤을 새도 멀쩡했고 몇 끼 굶어도 쌩쌩했지만, 엄마가 된 지금은 '저질체력'이란 단어를 매일 실감한다고 말한다. 나이가 들어서이기도 하지만 출산 후 몸이 망가지기도 했고, 육아를 하면서 편히 잠을 자기도, 편히 밥을 먹기도 어려운 상황이 지속되면서 자연스레 건강상태는 이전보다 나빠지게 된다.

게다가 친정엄마와 함께 살 때에는 아침을 거른 적도 없었고, 우리 집 냉장고에는 내가 사지 않아도 제철 과일과 채소들이 항상 구비돼 있어서 내 건강은 굳이 내가 챙기지 않아도 자연스레 챙겨졌다. 하지만 엄마가 된 나는 달랐다. 내 건강은 당연히 내가, 가족들의 건강까지도 내가 챙겨야 했다.

몸이 지치면
마음도 지친다

아이들이 조금씩 자라면서 육아와 살림에도 자신만의 노하우가 생기고 조금씩 숨통이 트이는 것 같기도 하다. 그러나 지금까지 미뤄 두었던 것을 하느라 오히려 더 바쁜 생활을 보내게 되기도 한다. 지금까지 못했던 회사일, 운동, 모임, 공부 등, 내 몸은 예전 같지 않은데 예전보다 더 버거운 하루 일과를 버텨줄 리가 없다. 결국은 몸이 따라주지 않아 이런저런 일들을 포기하게 되는 경우도 적지 않다. 그래서 무엇을 하든 꼭 필요한 것이 건강 챙기기이다.

드라마 〈미생〉에서는 "네가 이루고 싶은 것이 있다면 체력을 먼저 길러라. 네가 종종 후반에 무너지는 이유는 다 체력의 한계 때문이다. 이기고 싶다면 그 고민을 충분히 견뎌줄 몸을 먼저 만들어. '정신력'은 '체력'이란 외피의 보호 없이는 구호밖에 안 돼."라는 대사가 등장한다.

엄마의 도전을 위해서 가장 기본적으로 갖춰야 하지만, 가장 갖추기 어려운 것이 바로 체력이고, 드라마 속 대사처럼 무너지지 않으려면 체력이라는 외피로 정신을 보호해야 한다.

다이어트 식단보다 더 중요한
공 / 부 / 식 / 단

다이어트 식단보다 중요한 것이 공부할 때의 식단 조절이다. 나는 소화기관이 약해서 배가 고프면 위가 쓰리고, 맵거나 차거나 자극적인 음식을 먹으면 배탈이 잘 나고, 많이 먹으면 체한다. 위가 좋지 않아서 헬리코박터균 제균 치료를 하라는 의사의 지시에 따라 무려 3차 제균 치료까지 마쳤는데, 결과적으로 균은 죽지 않았고 치료를 받느라 나만 죽다 살아났다. 그러니 식단 조절은 더욱 중요했다.

첫째, 식사시간만큼은 마음을 편하게 먹으려고 노력했다. 특히 공부하는 사람에게 식사시간은 '마음 환기 타임'이어야 한다고 생각한다. 그래서 맛난 것을 먹고, 부담이 되지 않는 선에서 식사시간을 즐기려고 노력했다.

둘째, 절대 과식은 금물이다. 소화가 안 되면 정말 졸린다. 커피를 들이부어도 졸리는 날은 어김없이 소화가 잘 안 되는 날이다. 그래서 나는 의식적으로 식사 후 잠깐이라도 산책, 운동, 수다 시간을 가지려고 했다.

셋째, 그래서 자극적인 외식도 피하고 내게 맞는 정량을 먹기 위해 대부분 도시락을 싸서 먹었다. 소화가 잘 되는 간단한 반찬에 밥은 보온도시락이나 도서관의 전자레인지를 이용했다. 시험 막바지에는 하루 중 한 끼는 소화가 잘 되는 죽 종류를 사다가 먹었다. (내가 끓이면 맛이 없다.) 속이 편해야 집중력이 좋아진다.

잠깐의 운동 시간을
아까워하지 말라

운동은 모든 시험의 선배 합격자들이 강조하는 부분이다. 세상 모든 일이 그렇겠지만, 시험을 준비한다는 건 후반으로 갈수록 정말 체력 없이는 힘든 일이다. 시간이 되는 대로 집이나 공원에서 걷고 뛰는 운동이라도 했고, 땀을 흘리고 싶을 때는 줌바댄스 영상이나 요가 영상을 틀어놓고 아이들과 함께 운동을 하기도 했다. 걸을 수 있는 거리는 최대한 걸어 다녔다.

나는 원래 요가, 필라테스, 에어로빅, 줌바댄스 등 선생님이 있는 운동을 좋아한다. 몸 움직이는 데는 취미도 특기도 없는 내가 선생님이라도 없으면 도저히 꾸준히 운동을 할 자신이 없기 때문일 게다. 그런데 아이들 키우랴, 직장 다니랴, 공부까지 하랴, 운동은 정말 아무리 시간을 쪼개봐도 시간이 나지 않았다. 그래서 나는 두 가지 운동 방법을 선택했다.

첫째, 산책과 스트레칭이다. 점심시간에 밥을 먹고 바로 책상 앞에 앉으면 공부가 잘 되지 않는다. 졸리기도 하고 집중력도 쉽게 올라오지 않는다. 시간 대비 효율이 말 그대로 '별로'다. 그래서 식사 후에는 잠깐씩 산책과 스트레칭을 하려고 노력했다. 도서관 앞에 있는 작은 공원과 공원 안에 있는 운동기구를 이용했다. 공원이 없는 스터디카페에서 공부를 할 때는 일부러 좀 걸어야 하는 편의점까지 가서 간식이나 아이들에게 줄 과자라도 사 들고 들어왔다. 산책을 하면 몸뿐만 아니라 마음도 움직인다. 다시 공부를 할 수 있는 에너지가 충전되는 것 같았다.

둘째, 가족과의 운동 시간을 즐겼다. 사실 운동하는 시간은 참으로 아깝다. 세 시간 공부할 수 있는데 한 시간을 운동하고 나면 남는 시간이 너무 없지 않은가. 그래서 나는 아이들과 남편과 함께하는 시간에 되도록 운동 시간을 집어넣으려고 노력했다. 나가기 전에는 솔직히 너무 귀찮아서 거의 가족들에게 끌려 나가다시피 하는 게 다반사지만, 아이들과 한바탕 공놀이나 줄넘기를 하고 집에 돌아오면 머리가 맑아지는 느낌에 나갔다 오길 잘했다는 생각이 든다. 운동은 체력을 위해서도, 심력(心力)을 위해서도 선택이 아니라 필수다.

'오늘은 날이 아니야'의 유혹,
규칙적인 생활로 극복하라

공부는 늘 잠과의 전쟁이다. 수면시간을 제대로 관리하지 못하면 공부 시간 확보, 일정 관리와 체력 관리 등 모든 계획이 틀어질 수밖에 없다. 일단 자신의 수면 패턴을 알고 그 패턴에 맞춰 계획을 세워야 한다.

예를 들어 나는 밤에는 꼭 일찍 자야 하고 아침에 일찍 일어나는 건 상대적으로 수월한 전형적인 아침형 인간이다. 밤잠이 많은 내게 밤늦게까지 공부하는 계획은 애초에 실현 불가능한 것이었다. 그래서 집중력이 필요한 공부 시간을 이른 아침으로 잡았으며, 규칙적인 생활을 하려고 노력했다.

공부할 시간이 별로 없는 날이라 해도 운동 시간과 쉬는 시간은 반드시 확보해서 내가 충전할 수 있는 시간을 만들어놓았다. 비워야 채울 수 있다는 말에 전적으로 공감하기 때문이다. 나는 그 시간을 내가 좋아하는 예능프로그램이나 드라마를 보거나, 친구와 전화로 수다를 떨거나, 나에게 힘이 되는 책이나 명언을 읽는 시간으로 활용했다. 내게는 하루를 열심히 보낸 나에게 주는 보상과 같은 시간이었고, 그 시간 덕분에 내가 끝까지 완주할 수 있었다고 생각한다.

시간 관리 :
육라밸, 틈새 시간이 전부다

○
●
○

나는 두 딸아이의 엄마다. 그리고 내 주변에는 많은 엄마가 있다. 모두가 '엄마'라는 테두리 안에서 같은 삶을 살고 있는 듯 보여도, 각기 다른 상황 속에서 하루하루를 고군분투하며 살아내고 있다. '그 사람의 신발을 신고 오랫동안 걸어보기 전까지는 그 사람을 판단하지 말라'는 인디언 속담이 있다. 하지만 아마 '엄마의 신발'은 신고 오랫동안 걸어보기조차 힘들 것이다. 이미 엄청 많이 닳아 있을 테니까.

"어머, 아이 둘을 키우면서 어떻게 임용고시에 합격했대. 정말 대단하네요."

내가 임용고시에 합격한 후 두 아이 엄마라는 얘기를 하면, 다들

이렇게 말한다. 대부분 진심을 담은 칭찬인 경우가 많다. 한 걸음 더 나아가 비법을 묻는 경우도 많은데, 그런 질문에는 쑥스럽기도 하고 아직 합격한 지 얼마 되지 않아 머릿속이 말끔히 정리되지도 않아 머쓱하게 웃어넘기곤 했다. 지금은 이렇게 대답한다.

"포기할 수 있는 시간은 포기하세요. 욕심낼 수 있는 시간은 욕심내야 되고요."

'장난해? 이게 비법이라면, 누구나 다 떠들겠네.'

인정. 욕할 만하다. 그런데 나의 경우는 정말 그랬다.

엄마 공부를 위한 시간 관리법의 핵심은 나만의 시간을 확보하기 위한 싸움 그 자체다.

엄마 수험생의 시간 관리는 시간을 확보하기 위한 싸움

"승자는 시간을 관리하며 살고, 패자는 시간에 끌려다니며 산다." 라는 말이 있다.

공부를 하다 보면 주변을 신경 안 쓸 수가 없다. 슬쩍 함께 공부하는 사람들에게 물어보면, 하루에 여덟 시간에서 열 시간을 공부한단다. 그렇지 않아도 내 귀는 팔랑귀인데, 나보다 다섯 배는 더 공부한다고 하니 스트레스가 이만저만이 아니다. "괜히 물어봤어, 괜히 물어봤어."라는 예능프로그램 대사가 떠오르며 후회가 밀려온다. 아이 밥 먹이고 재우는 시간에도 나만 공부를 안 하고 있는 것이 아닌가 하는 생각에 머리에 피가 몰린다.

'저 공부 시간 중에 집중하는 시간이 얼마나 되겠어?'라며 정신승리기법을 사용해보기도 하지만, 아무리 요리조리 머리를 굴려도 확보할 수 없는 내 공부 시간은 불안감으로 직결된다. 공부를 제대로 시작해보기도 전에 아까운 내 머리카락만 더 빠질 지경이다.

24시간을 통째로 보장해주어도 힘든 것이 공부다. 그런데 육아에 직장에 집안일까지 겹치면, 실제로 공부할 수 있는 시간은 많아야 두세 시간 정도다. 육아에 도움을 받게 되면 그래도 대여섯 시간은 보장받을 수 있다. 공부를 준비하는 엄마라면, 되도록 육아는 도움을 받는 쪽으로 고민해야 최소한의 시간이 확보된다고 하는 이유다.

그리고 내가 만든 시간 관리 원칙 중 가장 중요한 것은 바로 첫째, 확보할 수 없는 시간은 욕심내지 말자는 것이다. 깔끔하게 포기하는 게 낫다. '피부에 양보하세요'라는 카피처럼, 그냥 그 시간은 '아이와 가족과 직장에 양보'하라. 시험이 코앞에 닥친 막판 한두 달을 제외하고는 나 또한 줄곧 시간 확보를 위한 싸움터의 한가운데에서 하루에 확보 가능한 시간을 제외하고는 욕심내지 않았다.

바꿀 수 없는 것을 바꾸려다간 정말 중요한 순간에 힘을 못 쓰는 상황이 발생할 수 있다. 설령 확보할 수 있는 시간이 고작 30분이라 해도 어쩌겠는가. 지금 상황이 그런 것을.

둘째, 확보할 수 없는 시간은 욕심내지 않되, 시간 확보를 위해 노력하자. 시간 빈곤은 엄마에게 숙명임을 인정하고 받아들여야 하지만, 틈새 시간 확보를 위해 투쟁하고 쟁취하는 것은 엄마 각자의 의지다. 나의 워킹맘 시절을 돌이켜보면, 하루에 두 번의 출근과 두 번의 퇴근이 존재했던 것 같다. 얼떨결에 투잡 인생에 들어서게 된 엄마인 나는 직장으로 출근했다가 퇴근하는 동시에 제2의 직장인 집으로 출근을 한다. 하루 종일 보고 싶었던 아이들과 물고 빨고 뒹굴며 누리는 상봉의 기쁨도 잠시, 아이들이 반가운 건 채 몇십 분이 되지 않는다. 아이들 챙기랴 내 몸 챙기랴 오늘 하루 마무리에 내일을 위한 준비에 몸이 두 개라도 모자랄 지경이다.

그렇게 두 번째 퇴근 시간이 온다. 그 이후 시간 확보를 위한 싸움은 정말 각자의 의지이고 열정이다. 실천이 뒤따라야 한다. 그 시간을 내지 않는다고 뭐라 하는 사람은 없다. 그렇기에 더 힘든 시간 확보 싸움, 다음과 같은 말을 기억하면서 우리 힘내보도록 하자.

"제일 바쁜 사람이 제일 많은 시간을 가진다."

마지막으로 자투리 시간을 최대한 활용해야 한다. 공부는 시간이 나서 하는 것이 아니라 시간을 내서 하는 것이라는 말을 들은 적이 있다. 자투리 시간도 모으면 아주 크고 소중한 시간이 될 수 있다. 걷거나 대중교통을 이용하는 시간, 그리고 밥을 먹는 시간, 식사 준비 시간, 누군가를 기다리는 시간 등 모든 자투리 시간을 최대한 활용해서 공부에 투자한다. 특히 복습은 했던 내용을 다시 반복하는 것이니, 온 신경을 쏟지 않고 다시 재구조화한다는 느낌으로 접근하면 쉬워진다.

확보된 시간에는 집중해야 하는 공부를 하고, 자투리 시간은 오랜 시간 집중이 필요하지 않은 것들, 혹은 한번 공부했던 것들을 복습하는 데 쓰는 것이 좋다. 이때 나도 자주 쓰는 공부법이지만, 아이가 무언가를 외워야 할 때도 종종 쓰는 방법이 있다. 바로 핸드폰에 녹음 앱을 깔고, '오늘 학습한 내용, 암기할 내용, 모범 답안' 등을 녹음 파일로 만들어 반복해서 듣는 방법이다. 이 방법은 시험장이나 발표장과 같은 실전에 투입되었을 때 진가를 발휘한다. 내 목소리로 들었던 나만의 정답이 떠오르며 술술 정답이 써질 때가 많기 때문이다.

만약 내게 온전히 쓸 수 있는 24시간이 허락됐다면, 나는 더 많이 공부하고 더 효율적으로 시간을 활용했을까? 솔직히 나는 이 질문에 확실하게 "yes!"라고 답변할 자신은 없다. 분명 훨씬 자유로웠을 거고 시간도 넉넉했을 것이다. 그렇다고 내가 늘어난 시간만큼 더 공부하고 더 능률적으로 공부했으리라는 보장은 없다.

내게는 돌봐야 하는 아이들이 있었고, 해야만 하는 일들과 챙겨야만 하는 일들이 있었다. 그래서 나는 시간을 허투루 쓰지 않으려 노력했고, 나에게 허락되는 귀중한 시간에 최선을 다했다. 몰입에 걸리는 시간을 최소화하고 집중하는 시간이 길어질 수 있도록 노력했다. '남는 시간에 해야지'라고 생각한 계획이 있다면 못 이룰 가능성이 크다. 내 계획 속에 없는 시간은 사라져버리기 쉬운 시간이기 때문이다. 단 5분이라도 '계획' 속에 넣어야 그 시간은 내가 확보한 시간이 된다.

워킹맘 vs 전업맘 수험생의
시간과의 싸움 전략

아침 시간은 아이가 일어나기 전, 폭풍전야와도 같은 긴장감이 맴돌아 조용하면서도 공부가 잘되는 시간이다. 암기과목을 공부하기에 안성맞춤이라고 할 수 있다. 단, 아침잠이 많다면 무리해서 아침 일찍 일어나 공부하자는 계획은 안 세우는 게 낫다.

내게는 아침 시간이 너무 중요했다. 사실 이 시간 말고는 온전히 확보할 시간이 별로 없었기 때문이다. 엄마 수험생이라면 아이가 일어나기 전과 아이가 잠든 후의 시간을 알차게 활용해야 한다.

아이 등원은 이모님께 부탁드리고 아침 시간을 최대한 활용하려고 노력했다. 일찍 일어나서 집에서 한두 시간은 공부하고 집을 나섰고, 이동할 때도 강의를 들었다.

나는 아침형 인간이다. 그렇다고 아침에 일어나는 것이 상쾌하다거나, 아침에 공부하는 모든 것이 머릿속에 쏙쏙 들어오는 비현실적인 사람이라는 말은 아니다. 그저 밤에 공부하는 것보다는 아침이 낫고, 아침에 알람이 한번 울리면 일어나는 게 가능한 정도다.

겨우 턱걸이로 아침형 인간으로 분류된 나는 아침 시간을 잘 보내야 하루를 잘 시작했다는 생각이 든다. 처음 며칠은 일어나자마자 공부를 시작해봤다. 보기 좋게 책상과 내가 한 몸이 되어 있는 것을 가족들에게 들킨 뒤로는, 일어나면 정신부터 차리기로 했다. 5시에 일어나서 머리도 감고 양치도 한다. 그다음 뭐라도 먹는다. 요구르트나 두유와 함께 사과나 바나나를 먹는다. 완전히 잠에서 깨어난 후 5시 반부터 아이들이 일어나기 전까지 오늘 반드시 암기해야 하는 분량, 제일 중요한 공부부터 끝낸다.

그다음 출근 시간 40~50분가량은 대중교통을 이용하며 강의를 듣는 데 사용했다. 퇴근 시간 40~50분은 아이 상담 전화, 일과 관리, 생필품 구매, 인터넷 쇼핑, 부모님과 시댁 어른들께 안부 전화를 드리는 시간으로 썼다. 출퇴근 시간은 보너스 시간이다. 너무 피곤하고 지쳐 지옥철에 몸을 실을 때면 불가능한 상황이 되기도 하지만, 나는 이 시간을 교육학 강의나 비교적 쉬운 강의를 듣는 시간으로 활용했고, 녹음한 모범답안을 들으며 '멍때리면서' 지하철의 흔들림에 몸을 맡기기도 했다.

집에 와서는 저녁식사를 하고, 씻고, 숙제를 봐주거나 이야기 들어주거나 놀아주거나 하면서 아이들과 30분 정도 함께 시간을 보내고, 집안일을 빠르게 정리했다. 가족 운동을 하는 날도 있었고, 설거지, 빨래, 아이들 씻기기와 내일 아이들 등원 준비까지 하다 보면 어느새 아이들의 취침시간이 다가온다. 30~40분 정도 아이들이 텔레비전이나 태블릿을 시청할 수 있는 시간을 주면서 나도 30분 정도의 여유를 갖는다. 못 다한 일을 끝내기도 하고 독서를 하거나 인터넷 하는 시간으로 활용한다. 9시 30분이 되면 아이들을 재운다.

그리고 다시 일어나서 공부하는 시간을 확보하려고 했다. 그런데 너무 피곤해서 다시 일어나지 못하는 경우가 종종 생겼다. 그래서 남편에게 아이들 재우기를 부탁하기도 하고, 아이들끼리 자는 연습도 시키고, 여러 가지 방법을 써가며 밤 시간에 공부를 하려고 노력했다. 2시간 정도 확보하는 날은 대성공인 날이었고, 30분도 공부를 하지 못하는 날도 있었다.

그래서 아침 시간은 비교적 정확하고 구체적이고 실행 가능한 계획을 세웠고, 저녁 시간은 조금 여유 있게 계획을 세웠다. 남편이 육아와 집안일을 많이 맡아주거나, 아이가 일찍 잠이 들었거나, 아이를 재우다가 내가 같이 잠들지 않은 날 허락되는 시간이 저녁 시간이었다. 정말 흔적도 없이 사라지는 시간이 되기 쉽지만, 최소한 한 시간은 공부에 쓴다는 마음으로 노력했다.

워킹맘 수험생 시절 나의 하루 시간표

5시 기상~5시 30분	출근 및 등원 준비
5시 30분~7시 30분	공부 시간 2시간
7시 40분~8시 30분	출근 시간(강의) 40분
18시~19시	퇴근 시간(상담 전화, 일과 관리, 생필품 구매, 인터넷 쇼핑, 부모님께 안부 전화)
19시~19시 30분	아이들과 숙제, 독서, 놀기, 대화
19시 30분~20시 30분	저녁식사, 나 씻기, 아이들 씻기기, 설거지, 빨래, 내일 등원 준비
20시 30분~21시 10분	아이들 텔레비전 시청, 나는 충전 시간
21시 10분~21시 30분	잘 준비
22시~24시	(굉장히 유동적) 2시간 공부하려고 노력함. 되지 않은 날도 많음.

∴ 하루 4~5시간 공부 시간을 확보하려고 노력했다.

퇴사 이후 워킹맘 시절과 비교해 공부할 시간이 늘어나긴 했다. 물론 그 시간을 전부 공부에 투자할 수는 없었다. 직장에 나가지 않는 대신 육아와 집안일에 써야 하는 시간이 늘었기 때문이다. 첫 번째 도전에 실패한 후 내게 가장 큰 과제는 '느슨해지지 않는 것'이었다. 전업맘 수험생이라면 어떻게든 그냥 흘려보내는 시간이 없도록 더 긴장하고 규칙적으로 시간을 보내고 계획을 빠짐없이 실행하려고 노력해야 한다.

아침 공부 이후 어린이집, 유치원, 학교, 시터 이모님, 양가 부모님을 동원하여 확보할 수 있는 중간시간은 가장 중요한 핵심 시간이다. 개인차가 많이 존재할 수 있는 시간이다. 그러나 확보된 자신만의 시간을 어떻게 활용할 것인지 잘 계획한다면, 분명 알찬 플러스 시간이 될 수 있다. 다시 강조하지만, 워라밸보다 유지하기 힘든 것이 바로 '육라밸'이다. 나는 10시부터 12시, 2시부터 4시를 '집안일은 전혀 안 하는 완전한 공부 시간'으로 잡았다. 그 사이 시간인 12시부터 2시 사이에 점심식사와 간단한 청소, 일과 관리, 인터넷 쇼핑, 양가 안부 전화 등의 일을 집중적으로 처리했다.

또 엄마이기 때문에 주말 시간을 통으로 다 나를 위해 쓰는 것에는 굉장한 눈치가 보이게 마련이다. 소인국(아이들의 세계)에 초대된 거인(아빠)과 소인들의 평화 유지를 위해, 슈퍼우먼처럼 불시착할 타이밍을 엿보아야 한다. 그래야 다음 주말에도 나를 위한 시간을 확보할 수 있다.

나머지 틈새 시간도 놓쳐서는 안 된다. 대중교통 이용 시간, 아

'원노트'와 '씽크와이즈' 화면

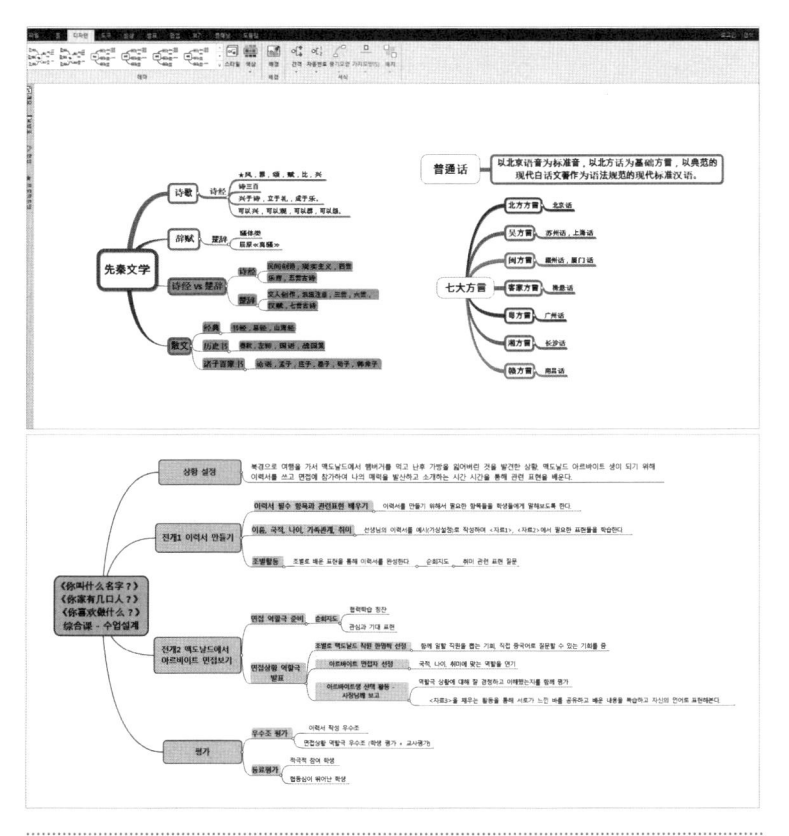

이들 등하원 시간, 마트 다녀오는 시간, 식사 준비 시간, 학원 가는 시간, 화장실 이용 시간 등 정말 '틈새'에 끼어 있는 시간들을 잘 활용하면 생각보다 큰 재산이 된다. 이 시간에는 공부할 준비가 되어 있지 않을 가능성이 크기 때문에 휴대전화를 최대한 활용하는 것

이 좋다. 앱으로 정리된 내용을 본다거나, 녹음 파일을 듣는다거나, 간단한 암기 내용을 확인하는 등의 방법으로 자투리 시간을 활용해보자.

전업맘 수험생 시절 나의 하루 시간표

5시 기상~5시 30분	씻기, 아침 준비
5시 30분~7시 30분	공부 시간
7시 40분~8시 30분	아이들 등원 준비
10시~12시	공부 시간
12시~14시	점심시간, 상담 전화, 일과 관리, 생필품 구매, 인터넷 쇼핑, 부모님께 안부 전화, 간단한 청소
14시~16시	공부 시간
16시~18시	아이들 하원, 육아, 저녁 식사 준비
18시~20시	집안일 및 남편과 아이 챙기기
20시~21시	남편의 육아시간(1시간), 나의 충전 시간
21시~22시 30분	아이 재우기, 내일을 위한 준비 시간
22시 30분~0시 30분	공부 시간
∴ 하루 6~8시간 공부 시간을 확보하려고 노력했다.	

멘탈 관리 :
틈만 나면 흔들리는 멘탈 관리법

○
●
○

학창 시절 아주 좋아했던 윤상의 〈달리기〉라는 노래 가사에는
이런 부분이 나온다.

지겹나요 힘든가요

숨이 턱까지 찼나요

할 수 없죠 어차피

시작해버린 것을

쏟아지는 햇살속에

입이 바싹 말라와도

할 수 없죠 창피하게

멈춰 설 순 없으니

지금 보면 좀 무자비한 말인 것 같기도 하다. '시작해버렸으니, 창피하게 멈춰 설 순 없으니, 그래도 달려야 한다'고 말하고 있지 않은가.

달리기를 하다가 그만두고 싶은 이유는 여러 가지가 있을 수 있다. 정말 숨이 턱까지 차오르고 힘들어서, 끝이 보이지 않는 두려움에 사로잡혀서, 주위를 둘러봐도 아무도 없어 외로워서, 아무리 열심히 달려도 따라잡을 수 없는 앞사람들의 뒷모습에 포기하고 싶어서, 혹은 그냥 갑자기 덜컥 겁이 날 때도 있을 것이다.

엄마였던 내가 임용고시 공부를 하는 상황은 어땠을까? 말하지 않아도 예상이 되겠지만, 정말 하루하루가 전투 모드였다. 일도 해야 하고, 육아도 해야 하고, 공부도 해야 했다. 물론 누가 시켜서 하는 건 아니다. 그러니 언제든지 그만두고 싶으면 그만둘 수도 있었다. 내가 공부를 그만둔다고 해도 아무도 뭐라 했을 리 없다. 오히려 엄마가 공부하는 것이 쉬운 것이 아니라고, 어쩔 수 없는 거라고 말해주었을 것이다.

그런데 엄마의 시작은 오히려 멈춰 서기가 힘들었다. 엄마의 계획과 시작은 이미 그에 상응하는 많은 대가를 지불했고, 생각보다 많은 부담을 떠안고 있었고, 없던 일로 하고 다시 돌아가기엔 내가 더욱 초라해질 것 같은(사실 지금 생각하면 그것 또한 나만의 자격지심이긴 했지만) 기분이 들었기 때문이다.

하지 말라는 사람도 없지만 하라는 사람도 없고, 못한다고 꾸짖는 사람도 없지만 잘한다고 칭찬해주는 사람도 없다. 칭찬이나 대가를 바라고 시작한 일은 아니지만, 사람은 누구나 인정받고 싶고 잘하고 있다는 피드백이 늘 고프지 않은가. 그런데 애썼다는 칭찬은커녕, 마음과 머리를 뒤흔드는 일들은 시시각각 생겨난다.

엄마의 새로운 도전, 엄마의 공부. 다 잘하고 싶은데 어느 하나 쉽지 않았다. 눈물도 나고, 포기하고도 싶었다. 이 이야기는 그럴 때 내가 썼던 멘탈 관리법, 사실 관리라기보다는 '부여잡기'에 더 가까울 것 같은 이야기다.

멘탈을 흔드는 것도 가족,
멘탈을 붙잡게 하는 것도 가족

"엄마, 곰부(공부) 열심히 하고 와."

엄마가 공부를 하러 가면 함께 책 읽고 웃으며 놀아줄 시간이 없어진다는 걸 알면서도, 아직 '공부'라는 단어의 발음이 어려운 네 살 주니는 의젓하다. 씩씩하게 응원해주며 언니와 함께 구호도 외쳐준다.

"오늘도 씩씩하게, 오늘도 용감하게 파이팅! 파이팅!"

이런 응원을 듣고 집을 나서노라면 힘이 나야 되는데 오히려 마음이 무거워지기 시작한다.

'나 정말 잘하고 있는 걸까?'

'나의 이기심 때문에 아이가 느끼는 엄마의 빈자리는 내 상상보다 큰 거 아닐까?'

'지금 이 시간들이 나에게 과연 얼마나 의미가 있을까?'

이런 생각들이 꼬리에 꼬리를 물다가 한번은 〈섬집 아기〉 노래 가사까지 오게 되었다. 엄마가 굴 따러 가면 아기가 혼자 남아 집을 보다가 잠이 들고, 엄마는 다 못 찬 굴 바구니를 머리에 이고 모랫길을 달려 돌아온다는 가사다. 예전에는 이 노래에서 혼자 스르르 잠든 가엾은 아기만 보였었는데, 어느 순간 엄마가 보이기 시작했다. 아기를 혼자 두고 나가야만 했던, 그렇지만 일을 다 마치지도 못한 채 달려 돌아와야만 했던 엄마. 그 엄마의 마음이 너무도 잘 헤아려지는 하루하루였다.

공부하는 동안 항상 나의 빈자리를 느낄 아이들과 가족에게 미안했다. 하지만 미안한 마음으로는 어떤 시작도 할 수 없고 힘을 낼 수도 없었다. 마음이 미안함과 죄책감으로 가득하면 그 어떤 것도 채울 공간이 없었다.

그걸 깨닫고 나서는 너무 힘들 때는 나를 먼저, 너무 마음이 흔들릴 때도 나의 행복을 먼저 생각하려고 애썼다. 다른 것은 생각하지 않고, 나를 위해 쓰는 시간의 소중함에 집중했다. 다른 무엇보다 내가 하고 싶은 일을 우선으로 생각했고, 나의 미래와 나의 행복을 먼저 생각해보았다. 엄마인 내가 행복해야 아이도, 우리 가족 모두도 행복할 수 있는 건 확실한 사실이지 않은가? 그렇게 미안함을 덜어놓고 나면 다시 멘탈을 부여잡고 지속해나갈 힘이 생긴다.

살면서 벗어나고 싶던 순간들을 많이 겪어본 것은 아니지만, 정말 악몽이다 싶을 만큼 벗어나고 싶은 힘든 상황 속에 있을 때는 나만 힘든 것 같다. 그 상황 속에서 나와서 보면 실은 나를 위해 얼마나 많은 사람이 함께 노력했는지, 그리고 나만 힘든 것이 아니었음을 알게 될 때가 많다.

나도 그랬다. 나로 인해 얼마나 많은 사람이 노력하고 있었고, 애쓰고 있었고, 함께 희생하고 있었는지를, 공부가 끝나고서야 알게 되었다. 엄마를 씩씩하게 응원하는 아이들이 있어서, 아내의 꿈을 자신의 꿈처럼 소중히 여겨주고 엄마 역할까지 노력하는 남편이 있어서, 그리고 이런 우리를 위해 늘 버팀목이 되어주시는 시부모님과 친정 부모님이 계셔서 늘 감사하고 힘이 났다. 만약 내가 공부하는 동안 나만 힘든 것이 아님을 더 잘 알았더라면 흔들리는 내

멘탈을 붙잡는 데 도움이 되었을 것이다.

가족들의 기대는 나에게 부담이 될 수 있다. 하지만 이렇게 오롯이 나의 편이 되어주는 가족들의 무한한 지지와 사랑은, 내가 새롭게 꿈꾸고 도전하지 않았더라면 느낄 수 없었을 것이다.

끝이 보이면 무너지지 않는다

'끝이 없다'고 느껴질 때면, 공부하기가 정말 싫어진다. 공부를 정말 힘들게 하는 가장 큰 심리적 이유가 아마 이 '끝이 보이지 않는 느낌'이 아닐까.

그래서 난 공부할 때 그 끝을 꼭 정해둔다. 이 '공부의 끝'을 정하기 위해서는 반드시 분량으로 계획을 세워야 한다. 지금 하고 있는 공부의 끝, 오늘 공부의 끝, 일주일 공부의 끝, 그리고 한 달 공부의 끝…….

끝이 보이는 공부는 좀 더 쉽고 결과가 눈에 보인다. 물론 그 끝을 보지 못하고 계속 밀리고 쌓여만 가는 공부가 되지 않기 위해서는 끝낼 수 있는 분량의 계획을 세우는 것이 중요하다. 그리고 내가 끝내지 못한 과제를 마무리할 시간도 계획해야 한다. 이 시간은 내가 학생이 아니기 때문에, 엄마이기 때문에 생기는 변수들 그리고 내가 계획을 무리하게 세워서 끝내지 못하는 것들로부터 스트레스를 받지 않기 위한 배려 장치이다.

이렇게 하루하루 끝을 보는 공부를 하다 보면 정말 하기 싫은 마음이 들 때 내가 끝내온 많은 기록들을 돌아보며 다시 공부할 수 있는 힘을 낼 수도 있다.

나의 하루 공부 시간표

9시~10시	교육학 강의(7강) + 답안 정리(7강)
10시~12시	전공 강의(독해 10강) + 요점 정리(10강)
12시~13시	점심식사 & 산책
13시~14시	어법 정리 2과
14시~15시	속담 10개 , 성어 10개
22시~24시	끝내지 못한 것 끝내기

※ 끝낼 것을 모두 끝낸 시간 이후는 나의 자유시간이다. 쉬어도 되고 더 공부를 해도 된다. 물론 나는 거의 쉬었다. 충전이 필요하니까.

너무 하기 싫거나, 상황이 여의치 않을 때는 '홀딩'한다. 홀딩의 개념은 그만두는 것이 아니라, 잠시 멈췄다가 다시 가는 거다. 운동도 쉬어가는 홀딩 기간이 있는 것처럼, 공부에도 홀딩의 시간이 필요하다. 다만 그 횟수가 너무 잦거나 너무 긴 기간 홀딩을 할 경우 영원히 멈추는 결과를 낳을지도 모르니 홀딩의 끝을 정하고 쉬어가는 것이 좋다.

나를 위한 채찍과 당근,
보상 시간 마련하기

또 매일 반복되는 계획들이 채찍으로 작용한다면, 나에게 스스로 주는 당근이 필요할 때도 있다. 가끔 심하게 끓어오르는 욕구들이 있는데, 이를 너무 억제하지는 말아야 한다. 그리고 나만의 현명한 해소법을 찾아본다.

예를 들어 나는 달달한 '바닐라라테'나 '믹스 커피'를 엄청 좋아한다. 그래도 건강과 다이어트를 위해 무한정 마실 수는 없으니 보상 시간으로 커피타임을 활용했다. 보통 두세 가지 계획을 끝낸 타이밍에 나만의 커피타임을 누렸다.

한 달간 공부를 열심히 한 나에게는 예쁜 메모지와 볼펜과 색연필을 선물로 주었다. 나는 특별히 선호하는 필기구가 있지는 않아서 그날 기분과 필요에 따라 구입했고, 그 볼펜 중에 시험장에 데려가고 싶은 마음에 드는 아이에게는 '시험 파트너'라고 이름을 지어주기도 했다.

친구와의 수다는 특별한 힐링타임이 되기도 했다. 나와 함께 공부를 하고 있는 친구와는 힘든 점을 나누고 공감할 수 있었고, 공부를 하고 있지 않은 친구들과는 육아나 직장, 집안일, 부부 사이 등 사소한 여러 가지 일들을 이야기하면서 빨리 공부를 끝내고 평범한 일상으로 돌아가리라는 꿈을 꾸는 시간이 되기도 했다.

시험이 끝나면 하고 싶은 일과 공부가 끝나면 하고 싶은 일의 목록을 적어보는 것도 도움이 된다. 그리고 그 목록 가운데 공부에 많이 지장이 되지 않는 일을 골라 월별 보상으로 사용한다. 보고 싶었던 영화를 보고 당일치기 여행을 가는 등의 소소한 일탈 역시 어떻게 활용하느냐에 따라서 공부에 방해가 되기보다는 앞으로 지속할 수 있는 힘을 주기도 한다.

공표 효과를 이용하라

'내가 더 먹으면 꼭 막아줘. 내가 자세가 바르지 않다면 꼭 얘기해줘. 내가 일주일에 몇 번 운동에 가는지 함께 체크해줄래? 나 외국어 다음 달에 시험 등록했어.'

이렇게 동네방네 소문을 내는 이유는 바로 공표 효과를 위해서이다. 자신과의 싸움이 가장 중요하다고 하지만, 사회적 동물인 우리는 다른 사람들의 기대와 믿음과 시선에 동요할 수밖에 없고, 그들에게 실망을 안겨주지 않으려 더 큰 책임감을 갖고 노력하기도 한다. 이러한 심리적인 요소를 이용한다면 심적 어려움을 더 잘 극복할 수 있다.

첫해 임용고시는 자신감이 없었다. 두 달 남기고 임용고시 보겠다고 공부를 시작했으니 사실 나 스스로 '이렇게 짧은 시간 공부를 하고 붙을 수 있겠어?'라는 의심을 할 때가 많았다. 그래서 주변에 얘기도 하지 않았다. 떨어지고 나서야 "나 임용고시 시험 봤어. 2차에서 아쉽게 탈락하긴 했지만."이라고 말했다.

두 번째 도전하던 해에는 주변 사람들에게 일부러 떠벌렸다. "나 지금 공부하고 있어요. 애들 보면서 힘들어도 할 거예요."나는 나와 가족들을 실망시키고 싶지 않았고, 내가 많은 사람에게 이 사실을 알릴수록 해내야 한다는 생각이 강해졌다. 정말 해내고 싶었고, 책임감이 무거워졌다.

물론 준비 기간이 길어서 두 번째 도전에서 합격했을지도 모른다. 하지만 심리적인 것도 무시할 수 없다. 내가 한 말에 대한 책임으로 나는 더 열심히 달린 것일지도 모른다.

불안 관리 :
나를 감싸는 불안과 긴장을 극복하는 법

'합격하지 못한다면, 그럼 어쩌지?'

결론부터 이야기하자면, '합격하면 되지. 안 그래?' 그래도 안 된다면? '합격 못한다고 세상이 끝나는 건 아니잖아? 또 다른 더 멋진 길을 준비하는 과정일지도 모르는 거잖아?'라고 멋지게 되물으면 된다.

나를 가장 불안하게 만드는 상황은 바로 불합격의 상황이다. 내가 합격하지 못한다면? 이런 상황을 가정하는 것은 어떤 수험생에게나 공포일 것이다. 나의 친정엄마는 항상 나에게 합격하지 못하는 상황에 대해서도 생각해야 한다고 하셨다. 설령 합격하지 못한다 해도 지금 이 시간은 절대로 의미 없는 시간이 아니라는 것도 늘 말씀해주셨다.

그래서 나는 그렇게 생각하기로 했다. 나는 무조건 합격할 것이다. 그렇지만 혹여 합격하지 못한다고 해도 지금 내가 공부하는 이 시간은 분명 훗날 또 다른 의미를 가질 것이다. 다시 임용고시를 본다면 그 기틀이 되어줄 것이고, 그래도 합격을 못 한다면 열심히 배운 중국어를 활용해 학교든 학원이든 공부방이든 아이들을 가르치는 일을 할 수도 있고, 교재를 집필할 수도 있다.

영국 작가인 빅토리아 홀트는 절대로 후회할 필요가 없다고 말한 바 있다. 좋은 일이라면 그것은 멋진 일이고, 나쁜 일이라면 그것은 경험이 되기 때문이다. 그리고 조각가 로댕 역시 경험을 현명하게 사용하기만 한다면 어떤 일도 시간 낭비는 아니라고 했다.

내가 무엇인가에 도전했다면, 그 결과가 내가 원하는 것이 아니라 해도 나는 분명 그 시간을 통해 성장하고 발전하고 또 다른 내가 되는 발판으로 삼을 수 있다. 나는 이것을 여러 번의 도전과 실패 그리고 성장을 통해 배웠다. 내가 도전한 결과가 성공이든 아니든 그것은 중요하지 않다. 내가 진심으로 나의 시간을 보냈다면, 그 시간은 나를 배신하지 않는다. 그러니 나의 도전과 시작은 어떤 의미에서든 가치가 있다. 하물며 틈새 시간을 쥐어짜야 하고, 더 큰 용기를 내야 하는 엄마의 도전은 말해 무엇하겠는가.

자신감을 얻을 곳과
불안감을 내려놓을 곳

나에게는 완전히 정반대의 영향을 주는 두 사람이 곁에 있었는데, 바로 남편과 엄마였다. 남편은 항상 나는 무조건 할 수 있다고 했다. 떨어지는 상황에 대해서는 가정하지 않았다. 실제로 그런 믿음에서였는지 아니면 나에게 자신감을 심어주려는 의도였는지는 모르겠으나 늘 언제나 나는 합격할 수 있다고 했다. 그 덕분에 '나는 할 수 있을 것 같다'는 정말 근거 없는 큰 자신감을 얻기도 했다. 반대로 가끔은 이런 가정이 '떨어지면 어쩌나' 하는 불안감을 더 크게 만들기도 했다.

엄마는 현실적으로 떨어질 수 있는 상황에 대해서 많이 말씀하셨다. 워낙 경쟁이 치열하기도 하고 공부만 매달리는 학생들에 비해 엄마인 내가 불리하다는 것도 잘 알고 계셨기 때문이다. 그래서 '떨어져도 괜찮다'라는 마음으로 기댈 수 있는 곳이 되기도 했지만 '정말 떨어질 수도 있지 않을까' 하는 나약한 마음이 찾아오기도 했다.

남편과 엄마의 마음을 모두 이해한다. 그리고 그 두 사람의 역할 모두가 나한테는 필요했다. 자신감을 얻을 곳도 필요했고, 불안감을 내려놓을 곳도 필요했기 때문이다. 그래서 끝없이 나에게 무한 자신감을 심어주는 사람과, '떨어질 수도 있어. 괜찮아'라고 말해주

는 사람 모두에게 심리적인 도움을 받는 것도 좋은 방법이라고 생
각한다.

'현재'를 즐기며 '지금'에 집중하기

『논어』「옹야」편에 많은 사람들이 익히 들어 아는 명언이 있다. "아
는 사람은 그것을 좋아하는 사람만 못하고, 좋아하는 사람은 그것
을 즐기는 사람만 못하다(子曰, 知之者不如好之者, 好之者不如樂之者)."는
말이 바로 그것이다.

실제로 공부를 하다 보면 믿기 힘들 정도로 공부가 재밌어지는
순간이 있다. 학창 시절 이렇게 공부했더라면, 하는 생각이 들 때도
있다. 물론 매번 그렇지는 않다. 내 경우 아이들이 아파서 며칠 공
부를 쉬었다가 다시 하려고 했을 때, 날씨가 좋아 산책 다녀온 뒤
공부를 할 때, 컨디션이 좋아서 공부에 내가 집중하고 있다고 느낄
때 등 몇 안 되는 순간들이었다.

생각해보면 공부만 몰입해서 한다고 공부가 잘되지는 않았던 것
같다. 아이와 잠깐 헤어졌다가 만나면 더 반갑고 사랑스러운 것처
럼 공부도 그랬다. 공부와 거리를 잠깐 두었다가 다시 만날 때 특히

공부할 수 있는 시간이 주어졌다는 사실에 감사할 수 있었다. 그래서 집 안 공기 환기처럼 중요한 것이 내 마음의 환기인 것도 같다.

선생님의 설명도 재미있고 내가 알아가는 지식이 많아지면서 문제가 잘 풀리고 실력이 쌓여가는 것이 보이는 어느 순간, 내가 공부를 즐기고 있다는 생각이 들 때도 있다. 사실 나는 그저 공부하고 있는 지금 이 순간에 집중하고 있을 뿐이고, 내가 공부하고 있는 지금 이 시간을 즐기고 있을 뿐이다. 다만, 두려움이나 긴장도가 높으면 절대로 지금 상황을 즐길 수 없다. 스트레스와 압박을 이기는 방법 중에 하나가 바로 지금 이 시간에 집중하는 것이며, 그러다 보면 어느새 그 압박에서 벗어나 그 순간에 몰입하며 즐기고 있는 나를 발견하기도 한다.

좌절 관리 :
성적이 오르지 않고 다른 사람과 비교될 때

○
●
○

좀처럼 성적이 오르지 않고 다른 사람과 비교하느라 심신이 피폐해질 때가 있다. 그러나 내가 할 수 없는 것까지 욕심을 내기 시작하면 체하기 쉽다. 공부 범위 역시 마찬가지이다. 나보다 오래 공부했던 사람들이나, 나보다 시간이 많은 사람과 같은 범위를 하겠다는 마음은 열정이 아니라 욕심이다. 그런 욕심은 어느 하나도 제대로 이루지 못하는 결과를 초래할 수 있다.

공부하다 보면 정말 학원 강사처럼 모르는 것 없이 잘 알고 있는 사람도 있고, 모의고사 점수가 나와 비교가 되지 않을 정도로 잘 나오는 사람도 있다. 나는 이제 막 새로 공부를 시작했다. 당연히 모르는 것이 많고 부족한 것이 많을 수밖에 없다. 그것을 인정하고 배우겠다는 마음가짐으로 하루하루를 노력하다 보면, 더 많이 알고 있다고 노력하지 않는 사람보다 더 좋은 결과를 얻을 수 있게 될지도 모른다. 그러니 내가 할 수 없는 만큼의 계획을 세우거나 내가 해낼 수 없을 만큼의 범위를 욕심내다가 나 스스로에게 실망하고 좌절하는 어리석은 시행착오는 겪지 말자.

식상함 속에 놓치고 있는 신선함 찾아내기

공부를 하면서 가장 위험한 것이, 너무 당연히 알고 있다고 생각해서 놓치는 것들에 대한 부분이다. 시험은 꼭 그런 부분에서 나온다. 알고는 있지만 정확하지 않은 부분 말이다. 같은 강의를 듣는 많은 사람들이 똑같은 내용을 배우고서 열심히 공부한다. 그럼에도 시험을 보면 성적의 차이가 존재한다. 대체 왜?

무수히 많은 이유가 있겠지만, 특히 매번 보고 들어서 안다고 생각하는 부분, 즉 식상하다고 생각하는 그 부분에서 문제가 나오면 틀리는 경우가 많다. 그래서 무수히 반복해서 당연히 안다고 생각하는 부분에서 '내가 놓치고 있는 신선한 부분'을 찾아낼 줄 알아야 한다. 잘 알지만 내가 설명을 못하는 부분도 있을 수 있고, 너무 익숙하지만 키워드를 놓치고 있을 수도 있고, 설명은 알지만 예를 모르고 있을 수도 있다. 그러니 이미 여러 번 반복한 중요 문제일수록 식상함 속에 놓치고 있는 신선함을 찾을 수 있는지 눈을 크게 뜨고 잘 살펴볼 필요가 있다.

어려운 것을 먼저 할 필요는 없다. 공부하기가 싫어지고 자신감이 없어지기 때문이다. 사실 맛있는 것을 먼저 먹는 사람이 있고 맛있는 것을 나중에 먹는 사람이 있는 것처럼, 어떤 것이 옳고 좋다고 할 수는 없다. 나의 경우 학창 시절 수학 공부가 너무 싫어서 수학을 계속 미루고 미루다가 수학 공부가 엄청 밀린 적이 있었는데, 그 이후로 수학이 더 싫어지고 자신감이 더 없어졌다. 그래서 어려운 것부터 끝내려고 연습했던 적도 있다. 웬걸, 그 며칠 동안 공부하는 것이 너무 싫었고, 수학은 꼴도 보기 싫어졌다. 안 할 수는 없는데 하기는 싫은 과목이 있다면, 나는 시간을 정해두고 가장 공부가 잘되는 시간에 한다. 이 역시 자신에게 맞는 방법을 찾아야 한다.

다른 사람과 비교하지 말고
어제의 나와 비교하라

아이 노트에 붙여주는 칭찬스티커를 내 플래너에 붙여준 적이 있다. 오늘 너무 열심히 한 내가 대견해서다. 혼자 하는 공부, 선생님의 꾸지람과 잔소리도 없지만, 칭찬과 격려도 없이 혼자 가는 길은 외롭다. 외로워서 자꾸 곁눈질을 하게 된다.

비교는 참 쓸데없는 일이다. 그렇지만 하루라도 비교를 하지 않고 살았던 적이 있었던가? 생각해보면 그런 날은 찾기 힘든 것 같다. 공부하는 순간은 더더욱 그렇다. 합격한 친구의 생활과 나의 현재가 너무 비교되어 부럽고, 같이 공부를 하고 있어도 나를 두고 혼자 합격할 것만 같은 옆 사람과 비교되어 불안하다. 그렇지만 비교는 백해무익이다. 내 자신감과 내 의지와 내 건강만 야금야금 갉아먹을 뿐이다.

그러니 연습해야 한다. 즉, 외부와의 비교가 아니라 한 달 전의 나, 어제의 나와 비교를 해야 한다. "나는 매일 좋아지고 있다." 이 문구를 내가 인정할 수 있으면 그것으로 충분하다. 시험까지 매일매일 더 열심히 최선을 다하고 있다면 내가 못 해낼 일은 없지 않겠는가?

공부를 통해서 원하는 자격증을 따고, 시험에 통과하고, 원하는 결과를 얻는 것이 가장 바라는 상황일 것이다. 하지만 나는 이미 매일매일 새롭게 배우고, 성장하고 있다. 이런 내 모습을 내가 봐주지 않으면 누가 알아주겠는가. 내 아이의 노트에만 칭찬스티커를 붙여줄 일이 아니다. 나도, 엄마도 칭찬스티커 받고 싶다. 그러니 계속되는 나의 변화에 집중하고 비교하고 칭찬해주는 일을 게을리하면 안 된다. 그럼 다른 사람과의 비교 시간이 조금은 줄어들 수 있을 것이다.

무엇보다 내가 지금 왜 공부를 하고 있는지를 잊으면 안 된다. 멋진 엄마가 되기 위해서? 경제력을 갖춘 엄마가 되기 위해서? 선생님이 되고 싶었던 꿈을 이루기 위해서? 안정적인 직장생활을 위해서? 아이들을 가르치는 일은 보람을 느낄 수 있을 것 같아서? 사람마다 다양한 이유가 있을 것이다.

나는 정말 무엇을 이루기 위해서 공부하고 있으며, 그것을 이루기 위해서 어디까지 포기할 수 있을 것인가를 생각해봐야 한다. 끝없는 동기부여가 필요하다. 억지로 하는 공부가 아니라, 내가 하고 싶은 이유가 명확한 공부를 해야 한다. 나의 마음을 다잡는 일이 공부 준비의 가장 기본인 것이다.

공간 관리 :
야무지게 따져서 공부 공간을 확보하라

○
●
○

나는 아이들이 없는 시간에는 절대로 집에서 공부하지 않는다.
잠도 많고, 텔레비전 보는 것도 좋아해서 집에서는 도저히 그런 나
를 통제하는 것이 불가능하기 때문이다. 다들 나보고 독하다고 할
지 모르지만, 그러고 보면 사실 나는 의지박약이 틀림없다. 집 밖으
로 나가야 공부가 시작되는 느낌이었다.

집에 있으면 늘 같은 패턴이 반복됐다. '집안일을 하고 공부해야
지' 했다가 공부를 잡는 데 성공한 적이 없다. 집안일은 끝이 없다.
이렇게 끝이 없는 집안일을 끝내고 공부를 한다면, 체력도 의지도
바닥난 상태에서 공부를 시작한다는 말이나 같다. 당연히 집중도 잘
될 리 없다. 빨래만 하고 해야지, 하면 옷 정리가 시작되고, 옷 정리

를 하다가 방 안에 있는 컵을 치우다 보면 설거지거리가 보이고, 설거지를 하다 보면 냉장고 정리가 시작되며, 냉장고 정리를 하다가 허기가 져서 밥을 먹으면 졸음이 몰려와 공부는 날려버리는 패턴.

집에 있으면 집안일이 보이고, 결국 집에서는 공부를 할 수 없다는 결론을 내릴 수밖에 없었다. 그래서 아이들이 없는 시간에는 밖에 나가서 공부를 했다.

야무진 공부 장소 선택의 모든 것

야무지게 공부 장소를 선택하는 것은 그래서 너무나 중요한 포인트다.

첫째, 우선 이동 시간을 고려해야 한다. 특히 엄마는 아이들 등·하원 시간까지 염두에 둬야 한다. 아주 가깝지는 않더라도 서너 정류장 정도의 걸어갈 수 있는 곳이라면 더 좋은 것 같다. 걸어서 이동하는 그 시간이 힐링의 시간이 되기도 하고 내 몸을 위한 짧은 운동 시간이 되기도 하기 때문이다.

둘째, 도시락을 먹을 수 있는 곳인지도 생각해봐야 한다. 매일 도시락을 제대로 싸 가는 건 아니지만, 그래도 잘 챙겨 먹어야 공부도 할 수 있다. 그런데 먹을 수 있는 공간이 없으면 어쩔 수 없이 매

끼 밥을 사 먹어야 하고, 그럼 속도 안 편하고 비용도 무시할 수 없다. 그래서 도시락을 먹을 수 있는 곳을 물색했다.

셋째, 그 공간의 이용비용과 이용 가능한 시간, 휴무일을 확인한다. 보통은 구립, 시립 등의 공공도서관처럼 무료로 이용할 수 있는 열람실에서 공부를 했는데, 이동 거리가 가장 짧은 곳은 매일 500원씩 내는 구립 도서관이었다. 매주 월요일이 정기 휴무일이라 월요일은 분위기 좋은 스터디카페에 가서 공부하는 날, 도시락이 아닌 외식을 하는 날로 정했다. 스터디카페 이용료는 1만 원이었다.

넷째, 분위기다. 어두운 곳과 밝은 곳, 소음이 있는 곳과 없는 곳 등 사람마다 공부가 잘 되는 장소는 다르다. 나는 어두운 독서실보다는 밝은 도서관이 좋고, 소음이 전혀 없는 곳보다는 백색소음이 어느 정도 있는 스터디카페나 도서관의 열람실이 좋다. 공부하는 장소 중 한 곳을 메인으로 잡아 사물함을 신청하고, 그 공간이 쉬는 날이거나 좀 더 집중이 필요하거나 다른 느낌이 필요할 때는 공간을 바꿔보는 것도 도움이 된다.

마지막으로 주말에는 일부러 먼 곳을 찾기도 했다. 남편에게 아이들을 부탁하고 직강을 들으러 가거나, 사람들이 붐비는 곳에 가서 공부를 하는 것이다. 그러면 고시생들만의 열정과 패기를 한껏 느낄 수 있고, 나도 그 속에서 다시 마음을 다잡는 계기가 되곤 하기 때문이다. 먼 곳까지 일부러 가는 게 힘들지는 않느냐고, 그 열기 속에서 더 스트레스를 받지는 않느냐고 묻는 사람들도 있지만 그렇지 않다. 오히려 나 혼자 있을 때보다 더 정신을 바짝 차리게 되고, 시험에 대비한 마음의 준비를 하는 데도 도움이 된다. 가끔 두꺼운 노트를 들고 나타나는 사람들, 내가 화장실 두 번 다녀올 동안 엉덩이 한 번 떼지 않고 집중하는 사람들을 보면서 덜컥 겁이 나기도 하지만, 내 열정도 만만치 않다는 것을 보여주는 시간이 될 수도 있다.

단, 꼭 집에서 공부를 해야만 하는 상황이라면 공부하는 공간은 반드시 따로 만드는 것이 좋다. 또 잠시 산책을 다녀오는 등 틈틈이 정신과 마음의 환기를 시켜줘야 한다. 엄마에게 집이라는 공간은 휴식 장소이기도 하면서 일하는 공간이기도 하다. 그러니 그걸 분리하거나 환기하지 않으면 계속 늘어지면서 스트레스는 스트레스대로 받는 상황이 반복될 게 당연하다. 공부를 하는 동안에는 옷도 제대로 입고, 자세도 바르게 하고, 식사시간도 정해놓고, 텔레비전이나 핸드폰도 없는 방으로 이동해서 공부에 몰입할 수 있는 환경을 만들어야 한다.

거리 두기 :
강제적 거리 두기의 미학

○
●
○

오면 반갑고 가면 더 반가운 손주, 옆에 있을 땐 투명인간 취급하다가 출장 가서 안 보이면 보고 싶어지는 남편, 곤히 잠들어 있을 때가 가장 예쁜 아이들, 한집에 살 때는 그렇게 싸우다가 시집가서 떨어져 지내면서 더 애틋해지는 모녀…….

모든 관계에서 자발적이건 강제적이건 가끔씩은 꼭 필요한 것이 관계의 쉼표, 관계의 거리 두기가 아닐까.

심리학자 아들러는 모든 고민은 인간관계에서 시작된다고 했고, 철학자 키르케고르는 행복의 90퍼센트는 인간관계에 달려 있다고 했다. 그만큼 살면서 제일 힘든 것이 '인간 사이의 관계'라는 방증일 것이다. 우리의 하루를 생각해보자. 붙어 있으면 붙어 있는 대로, 멀어지면 멀어지는 대로, 있으면 있는 대로, 없으면 없는 대로, 관계로 인해 크고 작은 일들이 많이도 생겨난다.

사회적 거리 두기를 통해 당연하게 생각해왔던 평범하고 소소한 일들의 소중함을 알게 되듯, 나 역시 자발적이라면 자발적이고 강제적이라면 강제적일 수 있는 가족과의 거리 두기를 통해 많은 것을 깨달을 수 있었다.

관계에도 쉼표가 필요해

아이들 수업시간에도 배우는 『돼지책』이라는 유명한 그림책이 있다. 매일 남편과 아이들을 위해 희생만 하고 모든 집안일을 도맡아 하던 엄마가 "너희들은 돼지야."라는 쪽지를 남긴 뒤 집을 나가버린다. 아이들과 남편이 엄마 그리고 아내의 고충을 깨닫고 소중함을 느끼며 서로 돕고 이해하는 가족이 되었다는 내용이다.

사실 가끔은 '부재의 존재'가 필요하다. 엄마도 항상 있던 자리에서 벗어나보면 가족들이 엄마의 중요성과 소중함을 더 크게 느낄 수 있다. 『돼지책』에서처럼 정말 잔뜩 화가 나서 '어디 한번 나 없이 잘 살아봐라'라는 마음으로 의도하는 부재는 아니어도, 모든 관계에서 '없는 동안 소중함'을 느끼게 되는 걸 생각해보면 한번쯤 생각해볼 주제인 것 같다.

　물론, '내가 없으면 잘 돌아가지 않을 거야'라는 생각은 세상에서 가장 큰 착각이라는 말도 있다. 이가 없으면 잇몸으로 하면 되고, 내가 없으면 다른 사람이 하면 된다. 내가 없이도 회사건 집이건, 세상은 아무 일 없었다는 듯 잘만 돌아갈 수도 있다.

　나 역시 그랬다. 아이들과 남편이 나의 빈자리를 '충분히' 느끼는 동안 나는 내가 없이도 잘 지내는 가족들의 모습에 고맙고 서운하기도 하면서 나의 빈자리를 느끼고 그리워해주는 가족들이 있어서 감사하고 힘이 났다.

거리 두기가 가져다준 소소한 변화

나는 짜증이 많은 편이다. 우선은 저질 체력으로 내 몸 하나 건사하기 힘들 때가 많고, 아이들이건 남편이건 나의 스케줄대로 따라주지 않으면 마음이 힘들어진다. 짜증을 내면 가족 모두 기분이 좋지 않은 것도 사실이지만, 사실 가장 마음이 좋지 않은 것은 나 자신이다. 내가 또 참지 못하고 짜증을 냈다는 사실에 화가 나기 때문이다.

　공부를 하면서 가족들과 거리 두기가 시작되었다. 공부는 내가 하겠다고 했으니 자발적이긴 하나, 함께 보내지 못하는 시간이 너무도 아쉽기 짝이 없으니 강제적이라고 할 수도 있다. 어찌 되었건 나와 남편 그리고 아이들 사이에 공부로 인한 심적·물리적 거리가 존재하게 되었다.

그런데 힘든 시간을 지나고 나서야 할 수 있는 합리화일 수도 있으나, 우리 가족의 거리 두기는 건강한 관계를 맺기 위해 필요한 시간이었다는 생각이 든다. 거리 두기를 통해 나와 가족들에게는 소소한 변화가 생겨났다. 먼저 아내, 엄마가 하는 일들이 당연하지 않다는 것을 알게 되었다. 크다면 크고 작다면 작은, 중요하다면 중요하고 사소하다면 사소한, 매일 반복되는 엄마들의 일을 아빠가 하기도 하고 아이들이 스스로 해내기도 하면서 우리 가족은 모두 달라지고 있었다.

아이들 약 챙기기, 유치원 가방 챙기기, 참여수업 가기, 예방접종 시키기, 주말 삼시세끼 챙겨 먹이기 등등 육아를 많이 도와주는 남편이지만 그래도 내가 도맡아 하던 일들을 남편이 척척 해내기 시작했다. 역시 못하는 것이 아니었다. 안 하는 것이었다.

"엄마가 했어?"

"응, 엄마가 했어."

"진짜 엄마가 했어?"

"응, 진짜 엄마가 했어."

"그래? 난 엄마가 한 거면 다 좋더라."

엄마가 해주는 주말의 음식, 엄마가 접어주는 종이인형, 엄마가 꿰매어주는 옷들이 당연하지 않은 것이 되었다. 누군가는 "그게 좋은 일인가?"라고 되물을 수도 있을 것 같다. 하지만 엄마라서 너무도 당연하게 해야 하는 일들이 많다는 것을 아이들에게도 알려주고, 아이들이 엄마가 해주는 일들에 고마움을 느끼는 아이들로 자란다면 나는 그것으로 충분하다고 생각했다.

나의 꿈을 자신의 꿈처럼 이렇게 한 마음으로 응원하며 동참해주는 것이 가족이 아니라면 어찌 가능한 일이겠는가. 거리 두기도 필요한 것이라는 나의 합리화를 이해해주며 세상 누구보다 나를 응원하고 나를 위해 기꺼이 노력해주는 가족들을 나 역시 더 아끼고 소중하게 생각할 수 있게 되었다.

Chapter 6

Run! _ 합격을 위한
초단기 집중 공부법

강의 :
효율적인 강의 선택을 위한 가이드

○
●
○

수험 공부에 강의는 필수다. 그런데 강의를 고르려는 순간부터 난관에 부딪히는 것도 사실이다. 어떤 기준으로 강의를 선택해야 할까?

첫째, 강의를 고를 때 나는 먼저 샘플강의를 들어본다. 샘플강의만으로 모든 것을 알 수는 없지만, 친구를 사귈 때에도 느낌이 중요하듯이 내가 호감이 가지 않는 사람과는 비록 컴퓨터에서만 만나는 사람이라 할지라도 재미있게 공부를 하기 어렵다.

특히 나는 선생님의 영향을 많이 받는 편이다. 강의 스타일보다는 그 사람 자체가 좋아야 더 공부를 열심히 하게 된다. 한번 느낌이 좋아 선택했다면 그 사람의 장점에 집중하면서 단점은 과감하게 포기하고 그 단점을 메울 수 있는 다른 방법을 생각해본다.

둘째, 샘플 강의로 감이 오지 않는다면, 수강생이 가장 많은 강좌를 선택하는 게 차선이다. 수강생이 많은지 아닌지 여부는 인터넷 카페나 블로그에서 정보를 얻을 수 있다. 수강생이 많은 데는 이유가 있다. 그리고 수강생이 많은 강의를 들을 때의 혜택도 쏠쏠하다. 예를 들어 그 안에서 공유하는 정보가 더 많을 수도 있고, 스터디를 조직할 때도 유리하다. 모두가 같은 내용으로 공부하고 있다는 데에서 오는 위안도 큰 몫을 한다.

선택한 강의
최대한 활용하기

강의를 선택했다면, 더 이상 고민하지 말고 믿고 따라가야 한다. 물론 강의 안에서 이야기하는 것을 전부 따를지 말지는 본인의 선택이지만, 되도록 믿고 따라가면 가이드가 있는 안전한 여행이 되리라 생각한다. 불만은 또 다른 불만을 낳는다. 모든 강의가 나에게 완벽할 수는 없다. 하지만 내가 선택한 강의만 믿고 따라가며 제대로 이해하면 분명히 합격할 수 있다는 믿음을 가져야 한다.

또 강의 혜택을 최대한 이용한다. 첨삭 프로그램, 무료로 진행되는 강의나 이벤트, 함께 듣는 수강생들만의 공유 내용은 나도 나누고, 나눈 그들의 것도 최대한 이용하도록 노력하자. 방대한 양의 공부를 할 때에는 효율적으로 공부를 하는 것도 중요하다. 내가 시간을 들여야 하는 부분과 그렇지 않은 부분을 선별하는 눈이 있어야 한다. 쓸데없는 것에 시간을 들이지만 않아도 아까운 시간을 허비하는 불상사를 막을 수 있고, 아까운 시간을 허비했다는 허무함에서도 해방될 수 있다.

가장 중요한 것은 강의를 내 것으로 소화시키는 것이다. 강의 없이 혼자서 공부하는 것도 가능하다. 하지만 한정된 시간에 시험에 빨리 합격하기 위해서 강의를 선택해서 듣는 것이다. 그렇다면 강사들이 열심히 모은 자료를 바탕으로, 분석한 요약본을 바탕으로 최대한 시간을 낭비하지 않고 지름길로 달려야 한다.

같은 강의를 듣고 똑같은 시험을 보아도 모두 성적이 다른 가장 큰 이유는 집중의 차이라고 할 수 있다. 수업을 듣고 그것을 얼마나 소화해서 내 것으로 만들었는지를 항상 점검하며 강의를 따라가야 한다.

내 것으로 만들었는지를 알아보는 가장 쉬운 방법은 내가 그 개념을 다른 사람에게 설명하고 글로 표현할 수 있는가 하는 것이다. 특히 인강을 들으며 공부하는 경우 배속으로 수강을 하는 경우가 많은데, 한마디도 놓치지 않으려고 최대한 집중하면서 강의를 들었다. 강의만 잘 들어도 1회독을 하는 셈이라고 생각하고 강의를 듣는 시간에 최대한 머릿속에 넣으면서 공부하려고 노력했다.

다시 한 번 강조하지만, 강의를 선택했다면 그냥 믿고 간다. 이 선생님이 가장 나에게 잘 맞는 선생님이다. 이 강의가 가장 나에게 공부가 잘 되는 강의이다. 이 강의에서 알려준 문제는 다 맞출 것이다. 나오지 않는 개념은 어쩔 수 없다. 그것을 틀린다 해도 나는 떨어지지 않는다.

만약 시간이 없다면 이 강의만은 반드시 챙길 것

첫째, 파이널모의고사반이 가장 중요하다. 임용고시 응시 첫해에는 전공과 교육학 모두 파이널모의고사반 강의만으로 1차 시험에 합격할 수 있었다. 정말 중요한 핵심 내용으로 이루어져 있기 때문이다.

둘째, 기출문제분석 강의는 나 혼자 기출문제 분석을 하기 힘들거나 기출문제를 제대로 본 적이 없는 경우 꼭 듣고 넘어가야 하는 강의이다. 기출문제분석 강의를 통해 어떤 문제가 어떤 빈도로, 어떤 유형으로 출제가 되었는지 잘 살펴본다면 시험 적응력이 높아질 수 있다.

셋째, 그 후에는 심화반 강의를 듣는 것을 추천한다. 기본이론 강의가 가장 큰 골격과 뼈대를 잡아주는 역할을 한다면 심화반 강의에서는 뼈대와 가지치기가 동시에 이루어진다. 그러니 당장 뼈대를 잡고 가지를 칠 시간이 없다면 이론의 뼈대를 잡으며 동시에 심화 가지치기를 함께 병행하는, 어렵지만 험난한 길로 들어설 각오를 하고 심화반 강의를 들으면 된다.

필기 :
효율적인 필기법의 모든 것

○
●
○

학교 다닐 때 노트 필기는 가장 중요한 공부법 중 하나였다. 수험생에게도 마찬가지다. 여기에서는 내게 도움이 됐던 노트 필기법을 소개해보겠다.

첫째, 교과서 중심이다. 수능 만점자들의 거짓말 같은 "교과서 중심으로 공부했어요"라는 말은, 교과서만 보지는 않았다는 것 외에 교과서가 제일 중요하다는 반증이기도 하다.

강의를 선택하고 나면 그 강의의 주요 교재가 교과서, 즉 기본서라고 할 수 있다. 핵심 교재를 골랐다면, 그것만은 최대한 완벽하게 공부한다는 마음으로 접근하자. 단권화 역시 마찬가지다. 따로 노트를 마련하지 않고 내가 선택한 핵심 교재에 내용을 덧붙여가며 빠지는 내용이 없도록 보충하는 것이 좋다. 혼자 독학을 한다면 전문가나 유명 강사가 쓰는 교재를 기본서로 잡고 공부하는 것이 좋다.

강의 선택을 했다면 주요 교재가 교과서다. 프린트 모두가 교과서라고 생각한다면 너무 방대한 양에 공부를 포기하게 될지도 모른다. 핵심 교재를 선정했다면 그것은 완벽하게 공부한다는 마음으로 접근한다. 그리고 단권화를 할까 말까 고민을 하는 사람들이 있다면, 단권화 노트를 따로 만드는 것보다 내가 중심으로 잡은 핵심 교재에 필기를 덧붙여가며 빠지는 내용이 없도록 보충하는 것이 좋다. 만약 강의를 듣지 않고 혼자 독학을 한다면 전문가나 유명 강사가 쓰는 교재를 기본서로 잡으면 된다.

절대로 노트 필기에
시간을 할애하지 마라

내 원칙 중 하나가 바로 '노트 필기에 시간을 할애하지 말자'였다. 많은 강의를 듣고 자격증을 따고 심지어 고시공부까지 했지만 나는 제대로 필기한 노트를 단 한 권도 가지고 있지 않다. 암기한 것들을 인출하거나 백지에 구조화해서 내용을 정리하고 문제를 내볼 때 말고는 '쓰면서 공부하지 않으려고' 했다.

몇 번 노트 정리를 예쁘게 해보려고 시도해보기는 했지만, 일단 시간이 너무 오래 걸리고, 결국엔 그 내용을 다시 들여다볼 시간조차 없다는 것을 깨달았다. 그래서 중요한 내용을 내가 반복해서 볼 교재나 문제집에 적는 것으로 노트 필기를 대신했다. 다만 중요한 것이 한눈에 보이는지, 다시 공부를 할 때 중요한 내용을 중심으로 복습이 가능한지, 핵심 내용을 놓치지 않았는지만 체크했다.

1~2회독 때는 서브노트는 만들지 않는 게 좋다. 중요한 게 무엇인지도 모르고, 3회독을 넘어가야 정말 정리해야 할 포인트들이 눈에 들어온다. 아주 중요한 것이라고 해도 이미 내 머릿속에 구조화되어 있는 개념이라면 역시 정리할 필요가 없다.

필기를 할 때는 우선 큰 목차를 적는 게 중요하다. 그리고 목차 옆에 가지를 치는 식으로 필기한다. 중요한 것부터 표시하고, 중요한데 잘 암기가 되지 않는 것들만 노트에 정리한다. 모든 것을 다 적으려고 하면 안 된다. 키워드 위주로 정리하고, 키워드를 보고 내용을 떠올릴 수 있도록 연습하면 효과적이다. 필기에 시간이 많이 걸린다면 컴퓨터나 앱을 사용하는 것도 추천한다.

학습 시간과 노트 두께의 총량을 무시할 수는 없다. 하지만 할 수 없다면 괜한 스트레스 받지 말고 과감하게 포기하는 것도 중요하다. 버릴 건 버리고, 내가 집중하고 올인할 수 있는 것에 투자하면 된다. 특히 엄마라는 특수한 상황을 고려한다면 모두가 하는 똑

같은 방법으로는 성공하기 힘들다. 그래서 더 전략적으로 접근할 필요가 있다.

엄마로 임용고시에 도전하던 첫해, 나는 필기시험장에 가서 정말 깜짝 놀랐다. 모두가 엄청나게 두꺼운 노트를 만들어서 큰 가방에 짊어지고 왔던 것이다. 저렇게 많은 양의 책과 노트를 공부할 시간이 있나? 휘둥그레진 눈으로 내 주변의 노트들을 구경하느라 정신 못 차리던 기억이 난다. 사실 결론적으로는 그런 멋진 노트를 갖

내가 썼던 필기구들
내가 사용한 필기도구다. 연한색 색연필과 진한색 색연필, 검정·파랑·빨강 볼펜, 샤프, 연필, 지우개, 네임펜, 수정액이면 된다. 답안을 작성할 때는 실제 시험에서처럼 검은색 볼펜을 사용했다. 가리는 것 없이 집에 굴러다니는 볼펜을 썼다. 부가 설명이나 해석은 얇은 파란색 볼펜으로, 매우 중요한 내용, 반드시 암기해야 하는 내용, 틀렸던 내용은 빨간색 볼펜을 사용했다.

지 않은 나도 1차 필기시험에 합격할 수 있었다. 중요한 것은 노트의 두께가 아니다.

하루를 한 달처럼 쓰기 위해서는 반드시 중요한 것부터 해치우면서 공부를 해나가야 한다. 뒤를 돌아보며 후회할 필요도 없고 남은 날들을 보며 걱정할 필요도 없다. 지금 내게 주어진 미션을 클리어하겠다는 굳은 의지와 실천이면 충분하다.

오답 카드와 설명 노트 활용법

틀리는 문제는 계속 틀리는 경향이 있다. 문제를 다른 방향으로 살짝만 바꾼 비슷한 문제를 다시 틀렸다는 것은 제대로 이해하지 못했다는 말이기도 하다. 그래서 오답 노트를 만들어서 틀리는 부분을 보완해야 한다. 그러나 오답 노트에 시간을 많이 할애할 시간이 없다. 그 대안이 오답 카드다.

오답 카드는 내가 틀린 문제의 질문과 답변을 간략하게 카드 형식으로 만드는 것인데, 문제 혹은 키워드만 보고 내가 설명할 수 있는지 확인해본 후 더 이상 틀리지 않고 완전히 이해됐다고 생각된다면 오답 카드 모음에서 한 장씩 빼면 된다.

내가 쓴 오답카드와 설명 노트

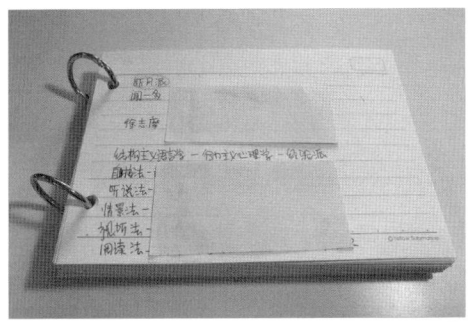

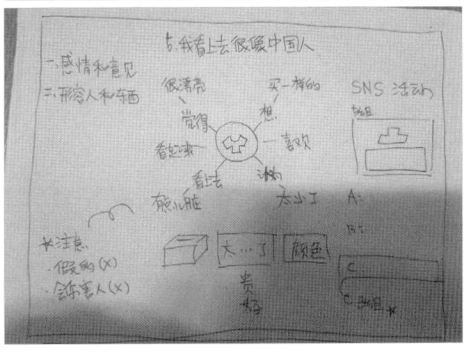

다음으로 설명 노트는 내가 누군가에게 이 내용을 가르친다면 어떻게 가르칠 것인지 선생님처럼 내용을 정리해보고 예시나 판서 내용까지 함께 기록해두는 노트다. 이해가 잘 되지 않거나 순서가 중요한 암기 내용을, 이 문제를 틀린 학생에게 쉽게 설명해준다는 생각으로 접근한다. 예를 들어 중국어 성조 배우기, 중국어로 숫자 표현하기, 외워지지 않는 고사성어 등을 학생들에게 어떤 예시를 사용해서 이해시킬 수 있는지를 고민하는 식이다. 설명 노트 정리를 해보면 가장 중요한 핵심 내용을 잘 설명할 수 있게 되고, 더 잘 이해할 수 있다.

단권화, 할 것인가
말 것인가

"필요한 모든 내용을 한 권에 정리해라." 내가 전공 수업을 듣던 강사도 첫날부터 엄청나게 강조했던 부분이다. 그러나 나는 단권화에 쏟을 시간도 에너지도 없었다.

그래서 나는 기출문제와 모의고사반에서 정리해준 자료를 바탕으로 내가 꼭 봐야 하는 것들을 오려 붙이는 단권화를 시작했다. 단권화는 중요한 내용 중 내가 계속해서 봐야 하고 시험 전 꼭 보고 들어가야 하는 부분을 모아놓는 것이다.

진짜 기억해야 할 것은 단권화 안의 내용은 '엑기스'여야 한다는 점이다. 엑기스와 아닌 것을 구분할 수 있는 순간 진짜 단권화를 시작할 수 있다. 그래서 나는 시험이 얼마 남지 않은 시점에 단권화를 했다. 시험장에 가서 쉬는 시간에 꼭 봐야 하는 자료들만을 모았고, 정말 딱 한 권이면 충분했다. 내용을 붙일 때는 영역과 중요도에 따라 분류하고 표시를 해두는 것이 공부할 때도 편하다.

실전 시험 대비를 위한
인출 연습

시험은 인출이다. 선택형 문항이라면 선택형 문항을 계속 풀어서 내가 틀리는 부분을 파악하고 틀리지 않도록 해야 하고, 단답형 문항이라면 실수 없이 정확하게 정답을 적는 연습을 해야 한다. 단답형 문항은 얼마나 정확하게 쓰는가의 문제이기도 하기 때문에 목차를 활용해서 공부를 할 때 키워드 중심 공부를 하면 도움이 된다.

　논술형 문항이라면 키워드가 들어가도록 빠진 것 없이 요구한 답변을 잘 적는 연습을 해야 한다. 논술형 시험을 대비하는 가장 좋은 방법은 많이 써보는 것인데, 내 맘대로 많이 써보는 것은 무의미하다. 기출 답안지를 먼저 외우고 내 것으로 만든 다음 나만의 모범 답안을 만들어야 한다. 마지막으로 스터디원이나 강사로부터 피드백을 받는 과정을 통해서 내가 제대로 잘 이해하고 인출하는지를 점검하며 보완하고 수정해나가는 과정을 거치자.

습관:
흔들리지 않도록 정착시키는 게 핵심

○
●
○

수험공부를 할 때는 내가 공부를 하는 것인지 공부가 나를 하게 하는 것인지 모르는 상황을 만들어야 한다. 이것이 공부의 습관이라고 생각한다. 앞으로 나아가기를 멈춘다면 나는 그저 그 자리에 멈춰 있는 것이 아니라 뒤로 물러나고 있는 것이다.

요가를 하다가 이런 경험을 했었다. 2년 동안 하루하루 천천히 유연성과 근력이 늘었다. 그런데 딱 한 달을 쉬었을 뿐인데, 한 달 후 내 몸은 요가를 하기 전 상태로 돌아가 있었다. 이렇게까지 처음으로 돌아갈 일인가 싶을 정도로 말이다.

공부도 이와 비슷하다. 하루하루 눈에 보이지도 않을 정도의 성과가 쌓이다가 겨우 며칠만 쉬어도 그냥 그 자리에 있는 것이 아니라 뒤로 끝없이 밀리는 느낌을 받게 된다. 다행히 습관이 형성되어 있어서 내 몸과 머리가 기억하고 있다면 그 전보다는 더 빨리 쌓았던 것들을 되돌릴 수는 있다.

사소하지만 사소하지 않은
하루하루가 습관이 되어

자꾸 혼란스러울 수도 있다. 이 길이 맞는 것인지, 이 목표, 이 방향, 이 방법이 맞는 것인지 갈피를 잡지 못하는 상황을 마주할 것이다. 그럼에도 불구하고, 가끔은 그저 하루하루를 열심히 하다 보면 내가 원하는 무언가에 가까워지기도 한다.

어떤 사람의 눈에는 부지런함이었을 것이고, 어떤 사람의 눈에는 아등바등으로 보였을 수도 있다. 나는 분명 앞을 향해 열심히 달리고 있었다. 어디로 가고 있는지, 이렇게 얼마나 달릴 수 있을지, 어떻게 달리고 있는지에 대해서는 생각할 겨를이 없었다.

쉽게 성과를 얻으려 하면 안 된다. 내가 강의를 들을 때 전공 강의를 했던 선생님은 단기간에 성적이 오르지 않는다고 좌절을 느끼는 학생들에게 이런 말씀을 하셨다. 그리고 나는 그 말을 믿었다. "공부는 큰 항아리에 물을 붓는 과정과 같다. 그 항아리에 가득 물이 찰 때까지는 보이지도 않고 얼마나 더 부어야 할지 알 수 없다. 하지만 그 항아리를 가득 채운 순간, 물은 드디어 흘러넘치게 된다. 나의 노력이 빛을 발하는 그 순간까지 그저 붓고 또 붓는 시간을 견뎌야 한다."

시간과 노력을 쏟아야 기대하는 성과를 얻을 수 있다. 하루아침에 되는 것은 없다. 이 과정에서 습관이라는 것이 만들어지고, 그 무서운 습관을 통해 하루하루 멈추지 않고 앞으로 나아갈 수 있다.

마라톤 선수처럼 서두르지 않고 같은 페이스로 매일의 습관을 만들려고 노력해야 한다. 페이스 조절 역시 실력이고, 체력 관리도 실력이다. 시험을 두세 달 앞둔 시점부터는 단거리 경주를 뛰는 사람처럼 모든 것을 시험 모드로 전환시키고 나의 머리와 몸이 시험에 최적화될 수 있는 습관을 만들어야 한다. 시험 시간표에 맞춰 공부하고 잠을 자며 식사를 하는 등 구체적인 노력이 필요하다.

시험이 치러지는 11월은 전력 질주의 기간이다. 11월을 어떻게 보내느냐가 시험의 합격 여부를 결정짓는다고 생각한다. 매일매일 실전인 것처럼 하루하루 긴장해야 한다.

습관은 무섭다. 한번 형성된 습관은 웬만해서는 크게 그 궤도를 벗어나지 않는다. 내가 잘 만들어놓은 습관은 나를 끝까지 흔들리지 않고 무너지지 않게 할 것이고, 습관을 잘못 만들어놓는다면 그것 때문에 수없이 흔들리고 무너지기를 반복하게 될 것이다.

초단기 전략 :
벼락치기의 진수, 기출문제에 답 있다

○
●
○

'내가 나를 모르는데 누가 나를 알겠느냐'라는 노래 가사처럼, 가끔 내가 몰랐던 나를 발견하며 깜짝 놀랄 때가 있다.

임용고시를 준비하기로 결심하고 급하게 한국사시험을 등록해야 했다. 그때는 직장생활과 병행하고 있었기 때문에 어영부영 하다 보니 어느새 다음 날이 시험 날이었다. 다음을 기약하고 싶은 마음이 굴뚝같았지만 이번 회차 시험에 합격해야만 임용고시에 응시할 수 있는 자격이 주어졌기 때문에 내게는 너무나 중요한 시험이었다. 내가 만든 상황이긴 했지만, 너무 무책임하고 어이없는 상황이었다.

사자에게 쫓기는 사슴처럼
고도의 집중력 발휘하기

그래서 처음으로 밤샘 공부란 것을 해보았다. 다음 날 시험장에서 나오면서 하마터면 복도에 구토를 할 뻔했다. 되지도 않는 체력으로 밤을 새며 벼락치기 공부를 하니 몸 상태가 엉망이 된 것이었다. 70점을 받아야 통과하는 시험에서 나는 71점을 받아 가까스로 통과했다. 정말 한 문제라도 더 틀렸다면 통과하지 못했을, 너무도 아찔한 결과였다.

벼락치기 상황에서 최고의 집중력을 발휘하는 것은 누구나 경험해봤을 것이다. 그 느낌을 기억하는 것도 많은 도움이 되었다. 하루 전날이었지만 최근 2년간의 기출문제를 풀고서 시험장에 들어갔다. 기출문제는 돌고 돈다. 기출문제만 열심히 보아도 합격에 가까워진다.

벼락치기를 잘하는 내가 최대치의 성적을 내는 이유를 얼마 전 어떤 기사를 보면서 알았다. 일명 '사슴 공부법'이라고 불리는 이 공부법은 사슴이 사자에게 쫓길 때 극도의 집중력이 발휘되는 방법이라고 했다.

나는 일부러 벼락치기 상황을 만들기도 한다. 연속되는 시간의 경계를 만들지 않으면, 그저 흘러가버려서 내 것이 아닌 시간이 되어버린다. 그래서 시간의 경계를 만들고, 그 순간까지 벼락치기를 하는 것이다. '사슴 공부법'의 연속인 셈이다. 만약 스스로 이 제한을 두기가 어렵다면 함께하는 스터디를 통해서 지속적인 테스트의 상황을 만드는 것도 방법이 될 수 있을 것이다.

수험생을 위한 벼락치기의 기본

수험생을 위한 벼락치기의 기본은 다음과 같다.

첫째, 최근 1년 기출문제에 대한 분석과 이해, 암기다. 둘째, 기출 문제 중 3회 이상 출제된 내용에 대한 분석과 이해, 암기다. 셋째, 최종 모의고사반의 문제와 답을 내 것으로 만들어 암기하는 것이다.

이때 이론부터 차근차근 한다는 생각은 버려야 한다. 벼락치기를 할 때는 '거꾸로' 공부해야 한다.

시험 두 달 전에 임용고시 도전을 결심했던 내게는 시간이 너무 없었다. 나의 계획은 이랬다.

기출문제 풀이 → 파이널모의고사반 → 하프모의고사반 → 실력향상반 → 기본이론반 결국 시간에 쫓겨 기출문제와 파이널모의고사반만 겨우 듣고 시험장으로 향했지만, 1차 필기시험 결과는 합격이었다.

1분 1초가 귀한 엄마 공부는 시간 계획을 철저히 세워 실천만 하면 되는 학생들의 공부와는 차원이 다르다. 머리가 팽팽 돌지 않는다는 건 인정하고 싶진 않지만 사실이다. 전략을 세워야 한다.

내가 응시하고자 하는 시험의 출제자가 되었다고 생각해보자. 운전면허 시험도 좋고, 공무원 시험도 좋고, 자격증 시험도 좋다. 당신은 어떤 문제를 낼 것인가?

중요한 시험일수록 그리고 범위가 넓은 시험일수록 어떤 문제를 내야 할지 확신이 안 서기 마련이다. 그래서 전년도 기출문제들을 찾아볼 수밖에 없다. 만약 이렇게 기출문제들을 살피며 감을 잡았다면? 책 구석에 꽁꽁 숨어 있는, 누구의 눈에도 잘 띄지 않는 내용들만 모아서 문제를 낼까? 아마도 아닐 것이다. 기출문제에 단골손님처럼 등장하는, 정말 중요하고, 꼭 알아야 하고, 그렇지만 쉽지 않은 개념과 내용을 중심으로 큰 토대를 잡을 것이다. 그리고 지엽적이고 어려운 문제들을 추가해서 변별력도 확보한 완성도 있는 시험 문제를 만들 것이다.

학교에서 시험 문제를 출제할 때도 같은 과정을 거친다. 시험 문제를 출제하기 전에 제일 먼저 살피는 것은 교과서가 아니라 바로 작년, 그리고 그 전년도 문제다. 첫 번째는 같은 문제를 출제하지 않기 위해서이고, 두 번째는 시험에 출제할 만한 중요한 문제들을 다시 살피기 위해서다.

결국 시험 준비란 이론과 기본부터 한 걸음씩 내딛는 것보다 큰 그림을 먼저 살피는 것이 더 효율적이라는 얘기다. 그 큰 그림을 살 피도록 도와주는 것이 바로 기출문제다. 시간이 있다면 기출문제 분석부터 차근차근 해야 하고, 시간이 없다면 더더욱 기출문제 분 석부터 확실히 해야 하는 이유다.

이때 최근 3년간의 기출문제는 가장 중요하다. 반드시 다양한 각 도에서 살펴보고 출제 내용뿐만 아니라 형식과 출제 의도까지 함 께 파악하자. 최근 기출 유형을 이해한다면 문제 접근이 훨씬 수월

기출문제 분석하는 키포인트

① 기출문제의 어느 곳을 뚫어도 빈칸을 채울 수 있도록 읽고 숙지한다. 같은 문 제를 계속 풀면서 기출문제 분석이 끝났다고 하는 경우가 많다. 그러면 조금 만 문제를 바꿔 출제하면 문제를 풀지 못한다.

② 기출 시험지에서 확장하며 공부한다.

③ 최근 기출문제부터 공부한다.

④ 파트별로 나누고 중요도를 살핀다. 중요도가 높은 것부터 공부한다.

⑤ 기출문제를 분석하고 문제를 내는 스터디를 한다. 시간을 내기가 어려운 경 우 밴드 스터디나 전화 스터디도 좋다.

해진다.

기출문제를 풀 때 나오는 오답은 내일의 정답이다. 기출문제를 계속 봤음에도 불구하고 틀리는 부분이 있다는 것은, 중요한 부분 인데 내가 이해하지 못했거나 정말 헷갈리는 요소가 많은 부분이 라는 뜻이다. 그 문제는 다시 나올 확률이 높다. 다시 등장한 이 문 제는 반드시 정답을 낼 수 있도록 확실히 짚고 넘어가자.

벼락치기에 꼭 필요한
선택과 집중

공부를 시작하는 순간 알게 되었다. 인생을 살아가면서 많은 선택 을 해왔지만, 공부는 지금까지 해왔던 선택과 비교도 되지 않을 만 큼 무수히 많은 선택의 연속이라는 것을.

나는 전공에서 고전문학을 제대로 배울 기회가 없었다. 학부에 서는 과목이 없었고, 교육대학원에서도 고전문학사 강의를 수박 겉핥기식으로 맛보았을 뿐, 제대로 중국 고전에 대해 공부해본 적 이 없었다. 그런데 임용고시에는 중국 고전문학 파트가 출제 범위 에 포함되어 있었다.

정말 너무너무 어려웠다. 포기하고 싶었다. 결론적으로 나는 고

전문학을 포기하지 않았지만, 내가 할 수 있는 적당량만 공부했고, 실제 임용고시에서 절반 정도의 정답률을 기록했다. 그리고 만족했다.

결국 지금 도전하는 시험에 있어서 나의 강점과 약점을 잘 파악하고, 강점은 유지하고 감점을 받지 않도록 방어하며 약점은 점차 보완해가는 과정을 거쳐야 하고, 그 과정에서 얼마만큼의 시간과 에너지를 쏟을지를 선택해야 한다. 그리고 만약 선택이 끝났다면 그것에 집중해야 한다.

어법은 나의 강점이었다. 어법에 대한 강의를 한 경력 덕분이었다. 어학과 일반 독해, 현대문학, 교육학은 다른 수험자들과 비슷한 출발선상에서 시작한다고 생각했다. 노력하면 한 만큼 나오는 과목이다. 문학사와 고전문학은 나의 약점이었고, 다른 학생들보다 훨씬 뒤에 서서 따라잡아야 하는 영역이었다. 학부에서 중국어를 전공하는 학생들이라면 한 번씩 접해봤을 법한 내용을 나는 공부해본 적이 없었기 때문이다.

이것 때문에 스트레스를 받기 시작하면 끝이 없다. 그래서 나는 고전문학 파트를 맞히면 보너스 점수를 얻게 되는 파트라고 생각했다. 이것 또한 나의 선택이었다. 그렇게 되면 다른 영역에서는 무조건 확보해야만 하는 점수가 생긴다. 그 선택을 책임지기 위해서 또 다른 집중이 필요한 것이다.

내게 맞는 스터디 고르기

수험 공부에 스터디는 효과적인 공부법 중 하나다. 관련 카페에서 조건이 맞는 사람들끼리 모여 장소를 잡고 주기적으로 모여서 스터디 모임을 진행할 수 있다. 다만 엄마인 나는 직접 만나는 스터디를 하기 어려웠기 때문에 면접 스터디만 만나서 하고 나머지는 전화나 밴드 스터디를 활용했다.

같은 목표를 향해 가는 사람들과 마음을 나누고 서로 파이팅하며 힘을 낼 수 있다는 데 스터디의 큰 장점이 있다. 또 공부를 해야 하는 양이 많을수록 스터디는 효과적이다. 분업과 협업이 잘 이루어진다면 시간 대비 효율적인 공부가 가능하다. 의지가 약한 사람들은 지켜보는 사람이 있다는 것만으로도 관리가 되기도 하고, 다양한 각도에서 접근이 가능하기 때문에 편협해지지 않을 수 있다.

그러나 스터디 팀원 간 수준 차이가 있다면 일방적으로 가르치거나 배우는 모임이 돼 버릴 수 있다. 또 팀원과 성격이 맞지 않을 때는 모임 자체가 부담스러워지기도 하고 나태해지는 이유가 되기도 한다. 스터디 공부를 준비하느라 내가 혼자 해야 하는 공부 시간을 뺏길 수도 있으며, 팀원의 실력 향상에 좌절감이 들기도 한다.

결론적으로 스터디는 팀원이 나와 잘 맞지 않을 경우, 그리고 시간이나 장소가 부담되는 경우 혼자 공부하는 것만 못한 결과를 낳기도 한다. 그렇기 때문에 스터디를 하더라도 나 혼자 공부와의 사이에서 중심을 잘 잡아야 하며, 팀원과 서로 나눌 수 있는 부분을 공유하고 도움을 주고받을 수 있는 부분을 명확히 함으로써 효율은 높이고 심리적인 부담을 최소화하는 방법으로 진행해야 한다.

직접 만나는 것이 부담스러운 상황이라면 전화 스터디나 밴드 스터디를 추천한다.

전화 스터디

기출문제와 암기과목에 대한 스터디는 전화 스터디로 진행했는데, 전화 스터디는 매일 일정 시간을 정해놓고 암기한 내용을 서로 질문하고 답변하는 방식으로 진행하는 스터디다. 같은 내용에서 문제를 출제하더라도 서로 내는 방식이 다르기 때문에 나 혼자 이해했다고 생각하는 부분을 명확하게 알고 넘어갈 수 있다. 필기시험을 준비하는 데에도 도움이 되었지만, 면접까지도 도움을 줄 수 있는 방식이라고 생각하며, 실력이 비슷하거나 꾸준히 함께 공부할 수 있는 스터디 팀이라면 많은 도움을 받을 수 있다.

밴드 스터디

다섯 명이 매일 돌아가며 하루에 한 번씩 문제를 내 밴드에 올리면, 그날 오후 4시까지 각자 풀어보고 사진을 찍어 올리는 형태로 운영하는 스터디였다. 간단한 암기 문제에 적합하며, 어학 공부를 할 때도 유용한 방법이다.

스터디를 해보면 내가 알고 있는지 모르는지를 여실히 느낄 수 있다. 내가 분명히 안다고 생각했던 개념도 정확하게 설명을 못하고 있는 것을 발견하고는 '아, 내가 이걸 아는 게 아니었구나'라는 걸 깨닫게 되는 것이다. 처음에는 엄청나게 스트레스를 받았지만, 더 긴장하면서 노력하게 되는 계기가 되기도 했다. 인터넷 카페나 블로그를 통해 같은 지역 응시자, 같은 강의 수강생, 준비 기간 등을 고려해 스터디 멤버를 구할 수 있다.

기적의 반복 학습 :
좁히고, 줄이고, 버리기를 반복하라

○
●
○

마지막으로 모든 수험 공부에서 공통적으로 적용될 것이라
고 확신하는 반복 학습법을 소개해보겠다. 바로 '좁히고, 줄이고,
버리기'다.

수험 공부는 공부할 범위를 좁히고, 줄이고, 버리는 과정의 반복
이다. 한 시간, 하루, 한 달, 그렇게 목표한 분량을 채우다 보면 시험
날이 다가오고, 수험생 생활은 그런 하루하루가 모여 지나간다. 그
래서 그 목표 분량이 적절한지가 무엇보다 중요한 포인트다.

나는 강의에서 기본으로 삼는 교재와 프린트만 봤다. 좀 더 여력
이 되면 다른 교재도 같이 보면 좋겠지만, 여러 권을 두세 번 보는
것보다는 한두 권을 제대로 보는 것이 도움이 된다고 생각했다.

그래서 나는 내가 볼 수 없는 교재는 집어 들지 않았다. '볼 수 없는 교재'란 지금 상황에서 완벽하게 끝낼 수 없는 교재를 말한다. 다만, 내가 집어 든 교재는 다섯 번 이상은 꼭 보고 가리라고 결심했다. 정말 중요한 기본서나 요약집은 열 번 이상 봤다.

속도는 보다 보면 자연스럽게 빨라진다. 시험 보기 전날 교육학 파이널모의고사 20회를 다시 복습하고 실전모의고사를 한 번 풀었고, 전공은 최근 7년간의 기출문제와 모의고사에서 잘 외워지지 않던 단어, 속담, 숙어들을 복습하고, 파이널모의고사 12회를 모두 복습한 다음 단권화한 노트를 한 번 보았다. 하루 만에 이것이 어떻게 가능한가 묻는 사람들이 있을 수 있지만, 여러 번 보는 과정에서 중요한 것이 눈에 보이고, 반복을 통해 속도를 높이면 충분히 가능한 일이다.

기본서와 강의 프린트에 있는 모든 내용을 내 것으로 만들 수는 없다. 그래서 필요한 것이 내용을 줄이는 것이다. 교재를 선정하고 기본으로 계속 봐야 할 범위를 정했다면, 지금 선택한 교재와 프린트와 강의 내용에서도 줄여야 할 것들을 찾아내서 핵심 내용을 정리해야 한다. 이때 기본이 되는 것은 기출 빈도와 강사가 말한 중요도이다.

다음으로 '버리기'는 특히 암기할 내용을 키워드로 뽑아서 정리할 때 도움이 된다. 키워드를 선택하고 추린다는 것은 버리는 작업이다. 버리기를 잘 하려면 중요한 내용을 선별하는 안목을 키워야 하는데, 그 능력은 회독을 늘려가며 키워가야 한다. 다 잘라내고 남은, 앙상해 보이는 키워드들은 내가 계속해서 들여다보고 살을 붙여줄 수 있는 핵심이 되어야 한다.

반복을 할 때 중요한 것은 아무리 시간이 없어도 꾸준히 모든 영역을 돌아가며 봐줘야 한다는 점이다. 모든 영역을 하루에 한 번이라도 보는 것이 가장 좋으며, 시간이 없다 해도 한 영역에 치우치지 않도록 모든 영역을 골고루 계획에 끼워 넣어야 한다.

예를 들어 내가 이번 주에 너무 바빠서 하루에 1시간밖에 공부할 시간이 나지 없다고 하자. 이때 매일 1시간씩 전공 공부만 하는 것보다는 40분 전공 공부, 20분 교육학 공부 식으로 나눠서 시간이 길지 않아도 모든 과목을 꾸준히 접하는 것이 좋다.

빠른 회독의 비결은
좁히고, 줄이고, 버리는 것

수험생이라면 '회독'이라는 말이 익숙할 것이다. 수험 공부를 하려면 시험 범위를 여러 번 반복해서 봐야 하는데, 이 반복 횟수를 '회독'이라고 한다.

회독의 최종 목표는 내가 본 주요 교재와 프린트를 시험 전날 다 보고 들어갈 수 있도록 반복해서 공부하는 것이다. 강의를 중심으로 기본서와 회독에 필요한 핵심 내용을 먼저 선별해야 하는데, 어렵다면 기출문제와 최종 모의고사 문제지와 답지만이라도 꾸준히 회독하자.

1회독은 강의 전 예습 단계다. 이때 전체의 흐름을 살피는 것을 목표로 해야 한다. 목차와 부제, 굵은 글씨, 색이 다른 글씨, 새로운 개념 정도를 중심으로 짧게 훑는다고 생각하면 된다. 처음부터 세세한 것까지 보려고 욕심내면 1회독도 끝낼 수 없다. 중간에 지쳐서 나가떨어질 가능성도 크다. '자세히 봐도 어차피 까먹어' 하고 통 크게 생각하는 게 낫다. '아, 나 또 까먹었어'보다는 '까먹는 게 정상이지'라고 생각하면서 계속 반복하는 게 훨씬 효율적이다.

2회독은 강의 시간이다. 나는 이때가 가장 중요한 시간이라고 생각한다. 핵심 내용을 파악하며 강의 시간에 최대한 집중해서 중요 내용에 대한 이해와 암기가 진행되는 단계이기 때문이다. 키워드를 파악하고 연한색 색연필로 중요 내용을 표시한다. 이해가 되지 않거나 어려운 내용을 연필로 표시해놓고, 강의가 끝나고 나서 반드시 짚고 넘어가야 한다. 모든 것을 머릿속에 넣으려는 노력보다는 핵심 내용을 반드시 기억하려는 노력으로 접근한다.

3회독은 1차 복습이다. 펜과 색연필로 필기해가며 정리하는 단계이고, 내용을 확실하게 알아야 하는 단계다. 이해가 안 되는 부분은 질문을 통해 확인하고 표나 그래프, 이미지 등을 활용해서 개념을 명확하게 세운다.

4회독은 2차 복습으로 학습한 내용을 정리하고, 이해한 내용을 문제에 활용하거나 설명할 수 있는지를 점검하는 단계다. 중요 내용을 단권화한 노트에 집어넣거나 필기가 필요한 부분을 정리해 핵심 내용이 누락되지 않도록 한다. 5회독부터는 속도를 내야 하므로 앞으로는 이것만 보겠다는 느낌으로 4회독 때 완벽하게 정리하려고 해야 한다.

5회독 때는 중요 내용은 암기가 되어 있어야 한다. 그리고 그 뼈대에 가지를 치고 살을 덧붙이는 단계라고 보면 된다. 모든 내용을 정독하되, 좀더 빠른 속도로 분량을 늘려가야 한다. 5회독을 할 때쯤에는 내가 직접 문제를 내보는 것이 좋다. 출제자의 마음으로 내용을 분석할 수 있고, 중요한 내용이 더 정리될 수 있다. 키워드 빈칸 넣기, 키워드나 목차만 보고 관련 개념 설명하기 등도 도움이 된다.

이후 6회독부터 10회독에 이르기까지 반복의 횟수는 사람마다, 상황마다, 내용마다 다르다. 나는 반드시 보고 가야 하는 단권화 노트의 내용은 열 번은 보고 시험장에 들어갔다. 같은 시간 안에 봐야 하는 내용을 점차 늘려가는 식으로 회독 시간을 단축시켰기 때문에 가능한 공부였다. 3~4회독까지는 2시간에 1과를 봤다면 그다음 볼 때는 2시간에 2과까지, 다시 볼 때에는 4과를 봤고, 그다음에는 10과까지 보는 식이다.

복습의 3, 3, 3 법칙

학습 후 3시간 이내에 한 번(오늘이 가기 전)
학습 후 3일 이내에 한 번(일주일이 가기 전)
학습 후 3주 이내에 한 번(한 달이 가기 전)!

반복은 수험생에게 가장 중요한 부분이다. 교육학에서 배운 망각곡선 그래프를 잘 살펴보면 내가 다시 공부해야 하는 시점이 있다. 잊히기 전에 그것보다 더 자주 복습을 해주면 어느 순간 자연스럽게 그 개념이 내 것이 되어 있다는 개념이다. 새로운 것을 공부하는 것보다는 내가 아는 부분을 계속 반복하면서 취약한 부분을 보완해가는 시간이 시험에는 더 유용하다. 그래서 나는 배운 내용에 대해서 3분 뒤, 3시간 뒤, 3일 뒤 복습하려고 노력했다.

끝임없이
체크하고 반영하라

시험 문제를 풀다 보면 생각보다 문제를 잘 이해하지 못해서 틀리거나 내가 답변해야 하는 초점을 잘못 맞추는 경우가 많다. 혹은 답은 명확하게 알고 있고 술술 설명할 수 있는 개념임에도 불구하고, 이것이 그것을 묻는 문제였는지 몰라 다른 답을 열심히 적어놓은 경험도 다들 한번쯤은 있을 것이다.

시험이 끝나고 나면 늘 그런 아쉬운 문제들이 있기 마련인데, 사실 실전에서 이런 문항들을 얼마나 줄이느냐가 소수점 차이로 합격 여부가 결정되는 시험에서는 굉장히 중요한 부분이 된다. 내가 모르는 문제는 어쩔 수 없지만, 내가 아는 것은 모두 쏟아내고 나올 수 있어야 하지 않겠는가. 그래서 반드시 스스로 문제를 내보는 과정이 필요하다. 스터디를 같이 할 사람이 없다면 나 혼자서라도 문제를 만들고 며칠 뒤 풀어보는 식으로 내가 잘 이해하고 있는지, 핵심 내용을 간파하고 있는지를 점검해야 한다.

문제를 푸는 것도 습관처럼 연습해야 한다. 그래서 나는 시험 시간에 맞춰서 모의시험을 여러 차례 보았다. 내가 낸 문제를 며칠 뒤에 다시 풀어보거나, 스터디 팀원이 낸 문제를 실제 시험처럼 생각하고 풀어보거나, 학원에서 내주는 문제를 다시 백지에 새로운 마음으로 풀어보면서 아는 것들을 공고화하고 모르는 것들을 보완해 나가는 과정을 계속 거쳤다. 문제 풀기는 점검과 인출과 보완을 위해서도 꼭 필요한 부분이다.

또 정말 취약하고 반복해서 틀리는 영역에 대해서는 설명 노트를 활용해서 반드시 정리를 하고, 들어줄 누군가를 섭외하여 그 개념을 설명해보는 과정이 필요하다. 면접 준비에서도 이 준비와 과정이 빛을 발하는 순간이 오게 될 것이다.

누군가 나에게 주는 피드백을 그냥 스쳐 들으면 안 된다. 내가 낸 모의고사 시험지에 적인 첨삭이나 피드백은 내일의 완벽한 정답을 위해 반드시 필요한 부분이다. 처음에는 피드백을 그냥 대충 넘겼다. 나중에 돌이켜보니 내가 틀렸던 문제에 대한 피드백을 잘 들었다면 그 다음 문제를 맞히거나 더 완벽한 답안이 될 수 있는 포인트가 된다는 것을 알게 되었다. 내 것에 피드백을 추가하면 내일의 완벽한 정답이 된다는 사실을 잊지 말아야 한다.

Chapter 7

임용고시
합격으로 가는 길

대한민국 4대 고시,
임용고시에 도전하다

○
●
○

공립학교 교사가 되기 위해서는 임용시험을 봐야 한다. 저출산으로 학생 수가 감소하면서 임용시험의 경쟁률은 점점 높아지고 있다. 그래서 사법고시, 행정고시, 그리고 외무고시에 임용고시를 포함하여 4대 고시라고 표현하기도 한다. 하지만 임용시험에 대한 충분한 정보와 관련 교과의 합격 수기를 토대로 열심히 준비하고 노력한다면 분명 좋은 결과를 얻을 수 있다고 믿는다.

내가 공부했던 1년 반을 되돌아보면서 몇 가지 큰 포인트를 짚어보면 다음과 같다.

첫째, 다른 합격생들의 '합격 수기'는 내게 큰 힘이 됐다. 나도 반드시 합격 수기를 쓰고 싶다는 의욕도 불끈 솟았고, 엄마들이 합격한 이야기, 장수생이 합격한 이야기, 초수생이 합격한 이야기 등 어느 하나 감동적이지 않고 눈물겹지 않은 이야기가 없었다. 예쁜 트레이닝복을 사서 폼나게 공부하러 다녔다는 이야기를 보며 따라 해보기도 하고, 다양한 공부 방법 중에 그럴듯한 공부 방법을 메모해보기도 하고, 나와 같은 상황에서 공부하고 합격한 이야기를 보며 나도 할 수 있다는 희망을 얻기도 했다. 합격한 사람들의 수기는 드라마나 판타지 소설이 아니라 현실이기 때문에 더 감동적이다. 나에게는 합격 수기와 합격사례 동영상이 위인전이었고, 감동적인 드라마였으며, 비법서와도 같았다.

합격 설명회 영상과 합격 수기를 받아들이는 자세가 중요하다. 취할 것은 취하고 버릴 것은 버리고 내 것으로 만들면 그것이 내 공부법이고 나만의 비법이 된다. 나도 저 자리의 주인공이 될 수 있다는 생각으로 꿈꾸고 도전하자.

수업에 집중하라

수업만 잘 따라가도 합격한다. 물론 쉽지 않은 게 사실이다. 그러니 수업과 기본 교재에서 무조건 시험이 나온다고 생각하고 집중해서 따라가야 한다.

학창 시절 범위가 정해진 시험은 이렇게 막막하지는 않았다. '여기서 안 나오면 어떻게 하지'라는 생각을 버리고 '여기서 나온 건 무조건 다 맞는다'는 생각으로 공부를 했다. 내가 합격하지 못하는 가장 큰 이유는 한 번도 보지 않은 내용 때문이 아니라, 제대로 보지 않은 내용 때문일 것이라고 생각했다. 내가 봤던 교재, 내가 들었던 강의에서 시험이 나온다고 생각하니 범위가 훨씬 줄어들고 마음이 안정되고 더 체계적으로 공부할 수 있었다.

나는 모의고사반부터 들었다. 그리고 1차 시험에 합격했다. 그것은 모의고사반만 제대로 듣고 그것만 다 소화해도 합격할 수 있다는 방증이고, 결국은 중요한 것을 놓치지 않으면 된다는 다른 말이기도 하다. 범위가 없고 방대한 양의 시험일수록 범위를 좁히고 정확히 보는 것이 정말 중요하다.

선택과 집중, 그리고 긍정적인 마인드

나는 첫 도전 실패 후, 그 실패를 빨리 딛고 일어나 새로운 도전을 준비하려고 노력했다. 수험생에게는 크고 작은 실패가 존재할 수 있다. 작게는 마음먹은 대로 공부가 잘되지 않거나 모의고사 점수가 오르지 않는 것이고, 크게는 나처럼 다 잡은 것 같은 임용고시 합격을 최종에서 아깝게 떨어지는 경험일 것이고, 그것보다 더 크게는 그렇게 최종에서만 여러 차례 떨어진 경험일 수도 있다. 그러나 실패도 배우는 게 있으면 성공이라는 말도 있지 않은가. 힘들지만 다시 해보자, 이 또한 웃으며 말할 수 있는 순간이 온다.

공부에도 워밍업이 필요하다. 임용고시처럼 정말 어려운 '고시'에 도전하는 것이 엄두가 나지 않는다면, 먼저 어떤 것이든 자격증 시험에 도전하는 것도 방법이다. 나는 중국어 임용고시를 준비해야 했기 때문에 중국어 말하기 시험, 관광통역사 시험, 한자 시험 등 관련된 다양한 시험에 도전했다. 시험에 합격하면 자격증이 생기기도 하고 성취감도 느낄 수 있어서 '나도 할 수 있다'는 생각이 든다. 어려운 시험에 도전할 때 가장 필요한 것 중 하나가 바로 자신감이다. 이런 워밍업 단계는 자신감을 끌어올리는 데 큰 도움이 된다.

또 난 절대적으로 합격을 위한 공부를 했다. 지식을 늘리기 위해서도 아니었고, 진도에 맞춰 공부를 끝내기 위해서도 아니었다. 합격을 위한 공부를 하자고 철저하게 마음먹었다. 절대 과하거나 부족하지 않게 공부하려고 했다. 뭘 해야 할지 모르겠고 방향이 잡혀 있지 않으니, 학원에서 잡아주는 방향과 순서와 흐름으로 움직였다. 내가 공부하는 것이 시험에 나온다고 생각하고 공부했다. 안 한 것이 나와서 틀리면 그건 아까워하지 않기로 했다. 그것이 내가 선택과 집중을 할 수 있었던 원동력이 되었다.

하나 더, 정말 중요한 포인트 중 하나가 바로 마인드컨트롤이다. 힘들고 아무것도 하기 싫고 정말 큰 좌절감이 몰려올 때는 합격 후에 하고 싶은 일에 대해 상상했다. 상상은 늘 구체적일수록 현실이 된다. '하루 종일 잠만 자기'도 좋고 '해외여행'도 좋다. 특히 꼭 합격 소식을 전하고 싶은 사람들에게 기쁜 소식을 전하는 모습을 상상하고 그려보았다.

내가 가장 어려운 상황에 놓여 있는 것 같지만 사실 어렵지 않게 공부하는 사람은 아무도 없다. 나의 이 모든 과정이 임용고시에 합격하고 교단에 서게 되는 날에는 모두 소중했던 경험으로 빛을 발하게 될 것이라는 생각으로 받아들이고 긍정의 힘을 믿었다.

수없이 강조해도 지나치지 않지만 가장 실천하기 힘든 말, "나를 믿자." 믿음은 유연성을 갖게 한다. '내가 할 수 있을까?'라는 의심보다는 '나라고 왜 안 돼?'라는 마음으로 버틴다면, 힘들고 좌절하고 흔들리는 상황 속에서 비록 바닥까지 꺾이고 쓰러질지라도 다시 일어설 수 있다. 믿어주는 만큼, 딱 그만큼 비로소 나는 해낸다.

임용고시 준비의
모든 것

○
●
○

전국 단위로 치러지는 일반적인 국가고시와 달리 임용고시는 교육청별로 실시된다. 서울시 관할의 공립학교로 가고 싶다면 서울시교육청에 지원해야 하고, 경기도 관할의 공립학교로 가고 싶다면 경기도교육청에 지원해야 한다. 시험 출제 역시 기본적으로 한국교육평가원이 담당하지만 2차 시험의 경우 교육청에 따라 시험 문제 및 방식에서 차이가 있다.

매년 5~6월에 공시되는 사전 예고가 있는데, 사전 예고를 통해 두 가지 정보를 얻을 수 있다. 첫 번째로 자신이 지망할 교과의 당해 모집 여부와 인원을 알 수 있다. 예를 들면 중국어 교과에서 몇 명을 선발할 예정이라는 정보가 제공된다. 교과에 따라서는 교육청별로 한 명도 뽑지 않는 교과가 존재하기도 한다. 두 번째로 당해 연도 임용고시 시험 일정과 변경 사항에 대해 알 수 있다. 예를 들면 원서 접수 일정, 변경되는 시험의 출제 방식에 대한 정보들이 제공된다. 사전 예고를 바탕으로 수험생들은 공부의 방법, 순서, 그리고 정도를 정할 수 있고 본인이 어떤 교육청에 지원할지를 생각해야 한다. 사전 예고는 계획안이기 때문에 선발 인원의 경우 추후 임용 여건에 따라 실제 계획안과 약간의 차이가 생길 수도 있다.

원서 접수와 응시 지역

매년 10월 각 시도교육청에서 최종 모집인원이 공고가 되고 5일간 원서 접수가 진행된다. 일반적으로는 서울의 경쟁률이 가장 높은데, 매년 그리고 과목마다 달라지는 경우가 있다. 원서 접수 기간 5일 가운데 4일까지는 현재까지 지원자 현황을 볼 수 있기 때문에 지원 현황을 참고하여 마지막날에 접수를 하는 경우도 많다. 모집인원이 적은 곳과 모집인원이 많은 곳 중에 어느 곳의 경쟁률이 더 높을지, 어느 곳의 커트라인이 더 높을지는 아무도 알 수 없다. 모집인원이 적은 곳은 그 적은 인원에 내가 들어갈 것이라는 확신이 없기에 조심스러운 것이 사실이나, 경쟁률과는 달리 그곳의 커트라인이 가장 낮을 때도 있기 때문이다.

그래서 소신 지원을 추천한다. 내가 정말 가고 싶은 지역, 출퇴근, 주거를 고려해야 하고, 2차 시험의 유형에서 조금이라도 유리한 곳을 선택해야 한다.

내가 응시한 중국어과는 해마다 모든 지역에 모집인원이 있는 것은 아니다. 서울, 경기를 제외한 대부분 지역은 5명 미만의 인원을 뽑고 서울이 10명 안팎, 경기도가 20~30명 정도의 인원을 뽑는다. 이것도 매년 달라져 서울 지역에서 모집인원이 0명이거나 경기도에서 10명 안팎의 인원을 뽑기도 한다. 내가 시험을 보던 해에도 경기도가 가장 많이 뽑고, 다른 지역에 비해 면접에서 뒤집을 수 있는 가능성이 높다는 생각이 들어서 경기 지역을 선택하게 되었다.

경기도가 이렇게 넓은 곳인지, 최종합격을 하고 2차 배정을 받을 때 비로소 실감할 수 있었는데, 실제 경기도로 발령 받은 동기 선생님들 중에는 통학이 되지 않아서 집을 새로 구하는 경우, 그래서 경기 지역에서 이미 교사로 근무하고 있지만 서울로 다시 시험을 보는 경우, 서울에 살고 있지만 충청도나 제주도에 지원을 했다가 후회하고 다시 시험을 준비하는 경우도 있었다.

지역을 고민하는 당신 역시 지금은 당장 '어디든 합격만 한다면' 이라는 생각이 가장 크다는 것을 충분히 이해하지만, 실제로 그 지역에서 계속 교직 생활을 해야 한다는 것을 고려하여 지역을 선택하고 소신 있게 지원했으면 한다.

1차 시험

수험생들은 원서 접수를 마치고 1차 시험에 대비해야 한다. 1차 시험은 전국에 있는 모든 교육청에서 문제가 동일하고 같은 날에 진행된다. 그리고 이 시험을 통해 선발 인원의 1.5배수가 뽑힌다. 1차 시험은 필기로 진행되며 시험 내용은 교육학과 전공으로 나뉜다.

우선 교육학 시험은 60분 동안 진행되는데 이때 한 문제를 논술형으로 평가하는 방식이며 출제 범위는 교육심리, 교육행정, 그리고 교육 사회와 같은 교육학의 여러 분야를 포함하고 있다.

다음으로 전공 시험이 진행되는데 문항 유형에 따라 전공 A와 전공 B로 나뉜다. 각각 90분 동안 진행되며 기입형과 서술형으로 출제된다. 출제 범위는 교과 내용학이 65~75%이고 교과 교육학이 25~35%이다. 교과 내용학은 교과에 대한 전문적인 지식에 관한 과목들이고, 교과 교육학은 해당 교과의 교수 및 학습지도 방법에 관한 과목들이다. 12월 말에 1차 시험의 합격자가 발표된다.

1차 시험의 경우 교육학부터 전공까지 출제 범위가 넓어 수험생들에게 부담이 될 수 있다. 그렇기에 전반적인 기본 개념을 다진 뒤

핵심 내용을 선별하여 공부하는 것이 중요하다. 또한 서술형·논술형 문항에 대비하기 위해서는 평소에 교육학 및 전공 과목을 공부할 때 많이 써보는 것이 도움이 된다.

2차 시험

1차 시험 합격자 발표가 나오면 이때부터 1월에 있을 2차 시험을 집중적으로 준비해야 한다. 2차 시험은 수업 실연과 면접으로 구성되어 있고 이틀에 걸쳐 진행된다.

첫 번째로 수업 실연은 수업 능력 평가로, 문제지에는 학생의 학년, 인원, 수준, 그리고 제공되는 기자재와 같이 특정한 교실 상황이 설명되어 있다. 이를 토대로 교수학습지도안을 작성해야 하며 (시·도교육청 결정) 면접관 앞에서 수업 실연을 하는 것이다.

두 번째로 심층 면접은 교원으로서의 적성, 교직관, 인격 및 소양에 대해 평가한다. 주로 실제 교실에서 발생할 수 있는 다양한 상황들에 대한 본인의 생각을 묻는다. 2차 시험은 교육청에 따라 문제 및 진행 방식이 다를 수 있기 때문에 사전에 교육청별로 어떤 식으로 진행되는지 알아야 한다.

1차 시험 준비의
모든 것

○
●
○

1차 시험 대비에서 가장 중요한 것은 첫째, '기출 분석', 둘째, '선택과 집중', 셋째, '나만의 흥미 요소 찾기'라고 생각한다.

기출문제 분석은 정말 여러 번 강조해도 지나치지 않을 정도로 중요하다고 생각하는데, 가장 기본을 다지는 것이면서도 가장 실전에 가까운 연습이기 때문이다. 그래서 기출문제를 풀어보고 해석해보고 다시 문제도 내보는 과정이 많은 도움이 되었다.

그리고 내가 할 수 있는 만큼 선택을 하여 집중하는 것도 굉장히 중요하다. 나는 강의 수강 외에 개인 공부 시간이 많지 않아서 모든 양을 다 소화하려고 하기보다는 중요한 것 중심으로 추려서 공부했다. 매일 주어진 공부 시간에 따라서 중요한 것을 먼저 보고 반복해서 보려고 노력했다.

내가 무엇을 잘하는지, 무엇이 부족한지 먼저 살피고, 내가 공부할 수 있는 시간에 맞춰 최대한 집중해서 다른 사람들이 하는 것과 상관없이, 오로지 나에게 맞는, 나를 위한, 내가 성장하는 플랜을 갖고 도전하는 것이 필요하다.

마지막으로 나는 내가 어떤 부분에서 흥미를 느끼고 계속 공부하고 싶은 생각이 드는지를 생각해봤다. 나는 알아가는 독해 작품이 많아지고 있다고 생각했을 때 재미가 있었고, 계획을 테트리스처럼 하나씩 없애나갈 때 성취감을 느꼈던 것 같다.

그리고 주말에는 가족과 함께해야 하기에 공부할 시간이 없다고 생각하고 평일에 되도록 집중해서 계획한 것들을 끝내려고 노력했다. 자신만의 성취를 느낄 수 있는 부분, 흥미 요소, 그리고 소소한 행복을 보상으로 부여하는 과정을 통해서 슬럼프를 이겨내며 공부할 수 있었다.

전체적인 공부 비중은
1대9 혹은 2대8로

시험 점수의 비율이 교육학 20점, 전공 80이기 때문에 공부의 비중 역시 점수의 비중을 넘어가면 안 된다고 생각했다. 전공에 매우 자신이 있는 사람이라면 모를까, 교육학의 공부량이 방대하기는 하지만 전공이 훨씬 중요한 시험이기 때문에 너무 많은 비중을 교육학에 두지는 말아야 한다.

일반적인 교육학과 전공과목의 한 해 강의 커리큘럼은 다음과 같다.

1~2월	기본이론반&기출특강
3~6월	심화이론반&기본문제반&각종 특강
7~8월	실전종합반 or 세미모의고사반
9~11월	종합실전모의고사반

교육학의 경우 강의 듣기, 중요한 것 외우기, 모의고사 풀어보기, 모범답안 암기, 나만의 모범답안 만들기, 이해한 내용 다시 설명하기 등의 방법으로 점검 후 인출이 어려운 부분만 다시 노트 정리하거나 백지 쓰기로 재인출을 연습했다. 교육학과 전공 모두 강의를 기본으로 하면서 프린트와 교재로 공부했다. 교육학은 전 강의를 인강으로 수강해서 직접 써보는 연습을 많이 하지 못했는데, 인강을 듣더라도 실전처럼 시간에 맞춰 써보는 연습을 하는 것이 중요하다.

한 번에 완벽하게 공부하고 암기하려고 하기보다는 반드시 여러 차례 회독을 통해서 머릿속에 장기기억으로 남기고 인출을 반복하는 과정을 통해서 내 것으로 소화시키려고 노력했다.

전공과목은 시간이 부족하고 내용이 너무 많아서 다른 원서나 교재는 엄두를 내지 못하고 신청한 전공 강의를 기본으로 교재와 프린트를 완전히 소화하는 것을 목표로 매일매일 공부했다.

3~6월에는 시간이 아직 많이 남았다는 여유가 있어서 오히려 시간 낭비를 하는 경우가 많다. 하지만 기본적인 개념을 두루 다지면서 중요도가 낮은 것들에 너무 시간을 많이 할애하지 않도록 공부해야 한다. 특히 긴장도가 낮은 상반기에는 계획을 제대로 지키기도 힘들고 슬럼프가 오기 쉽기 때문에 스터디를 하면서 스스로 나약해지는 부분을 서로 잡아주고 학습 부분에서도 서로 모르는 것을 묻고 알려주며 하루하루 열심히 쌓아가는 것이 중요하다. 나의 경우 스터디는 기출문제를 분석하고 문제를 출제해보는 전화 스터디와 단어와 문법 문제를 돌아가면서 내고 답하는 밴드 스터디를 하면서 도움을 받았다. 전화 스터디에서 말로 설명하는 인출 방법을 통해 학습한 내용을 공고화했고, 밴드 스터디를 통해 기입형에 나올 법한 정확한 쓰기 인출을 요하는 문제에 대비하여 공부하는 전략이었다.

7~8월에는 심화 공부가 필요하다. 친숙한 내용도 다른 각도에서 접근해보고, 아는 내용도 확실하게 내 것으로 만들었는지 점검

하며 확장해나간다. 범위를 무한정으로 늘리면 불안감이 커지기 때문에 범위는 항상 강의를 기본으로 하며, 여력이 된다면 거기서 조금씩 가지치기를 하도록 하고 지나치게 욕심내지 않는 것이 확실히 아는 것을 늘려나가는 방법이다. 9월부터는 중요한 것을 여러 차례 회독하며 모의고사를 실전처럼 본다는 생각으로 지금까지의 방대한 양을 계속 줄여나가는 시간이라고 생각하면서 공부했다.

9~11월에는 모든 생활 패턴이 실전에 가까웠다. 시간 관리를 많이 연습했고, 지금까지의 인풋을 아웃풋하는 과정을 통해 끊임없이 반복하고 아는 부분은 확실하게, 부족한 부분은 보충하면서 남은 시간을 잘 활용해야 한다.

2차 시험 준비의
모든 것

○
●
○

임용고시 도전 첫해 1차 준비 기간에는 2차에 대해서는 전혀 생각하지 못했다. 사실 1차 공부만 하기도 바빴다. 그러나 두 번째 해에는 1차 준비 기간에도 이런 내용을 학생들에게 어떻게 설명하면 좋을까 생각하면서 공부를 하기도 하고, 공부하다가 집중이 안 되는 시간에는 나만의 교육 철학을 생각해보는 시간을 갖기도 했다. 예를 들면 담임 첫날 학생들을 만나면 하고 싶은 이야기, 우리 반 급훈과 그렇게 정한 이유 등을 생각해본 것이다. 실제로 면접에서도 충분히 나올 수 있고 교직 생활을 시작한 이후에도 필요한 부분이었으며, 공부하며 흔들리는 멘탈도 다잡을 수 있는 시간이었다.

1차 시험 끝나고 나서부터
본격 준비하라

시험이 끝나고 12월 발표 전까지 한 달이 조금 넘는 시간이 남는다. 2차를 준비하고는 있지만, 확실히 내가 1차에 합격할 것이라는 확신도 없고 너무나 쉬고 싶고 놀고 싶은 마음에 준비가 느슨해지게 되는 기간이다.

하지만 미리 준비하지 않으면 1차 합격자 발표 후 2차 시험까지의 시간은 너무 짧고 버겁다. 그래서 집중이 안 된다 해도 기본을 다져놓는 기간으로 활용해야 한다. 이 기간에는 외우고 연습하기보다는 다양한 교수법과 실제 교육사례들을 책이나 영상을 통해 많이 접해보는 것이 좋다. EBS에서 교육 현장에 대해 이해할 수 있는 내용의 다큐를 많이 시청했고, 실제 중·고등학교에서 사용되는 교과서의 내용을 보면서 어떤 활동으로 어떤 예를 들면서 가르치면 좋을지 생각해보며 지냈다.

임용 준비 첫해에는 1차 발표 후부터 매일 서너 시간을 그룹 스터디에 투자했다. 수업 실연은 학원 오는 날 빼고도 매일 연습했고, 면접은 처음에는 외운 답변을 말해보기로 시작해서 그다음에는 실전처럼 서로 준비해온 문제로 즉답형 면접을 연습하며 열심히 준비했다.

두 번째 해에는 스터디로 연습하는 시간보다 혼자 생각을 정리하고 준비하는 시간이 필요하다는 것을 깨닫고, 감을 잃지 않기 위해 스터디 멤버들과 실전 연습을 하는 시간 빼고는 혼자 내용을 정리하고 스스로 영상을 찍어 확인하고 암기하면서 면접 준비에 집중했다. 다른 사람들이 올린 시연 영상이나 면접의 팁과 같은 영상, 무엇보다 마인트컨트롤을 할 수 있고 자신감을 찾을 수 있는 영상을 많이 보면서 준비한 것이 도움이 되었다.

수업 실연

수업 실연에 꼭 필요한 핵심 체크포인트는 다음과 같다.

첫째, 가르치는 것으로 끝나는 것이 아니라 이 수업을 통해 학생들이 배움이 일어날 수 있도록 수업을 설계해야 한다.

둘째, 수준 차이를 고려하여 한 명의 학생도 낙오하지 않도록 임무를 부여하고, 관심 어린 표현들로 참여를 유도하고 구체적인 칭찬과 피드백을 통해서 모든 학생과 함께하는 수업을 설계해야 한다.

셋째, 학생들의 삶 속에 오늘의 배움이 연계될 수 있도록, 그리고 흥미와 동기부여가 함께 될 수 있도록 수업을 설계해야 한다.

넷째, 조별, 개인별 피드백에서 학생들이 어려워할 만한 내용, 필요로 하는 부연설명, 학생들이 겪을 수 있는 시행착오를 미리 생각 해보고 가르쳐주는 것보다는 자기 주도적으로 해결하거나 또래 학

수업실연 복기 요약(중국 명절 문화 이해하고 소책자 만들기)

1. 제목, 학습목표 판서, 수업 필요성에 대한 인식(명절에 대해 왜 알아봐야 하는지)
2. 시각과 시간의 차이(3일 동안 여행과 3일에 여행 예시 비교 설명-귀납적 설명)
3. 〈읽기〉
   본문 읽기 활동 이해 – 시각과 시간의 차이 판서 시각화
4. 〈말하기〉
   교사 시범 – 중국 친구와 영상통화 시범
   말하기 활동 – 비주얼씽킹 : 여러 명절
   순회 및 피드백 1) 참여 잘 못하는 아이 참여시키기
                  2) 단어 모르는 아이 사전 찾기 교육
5. 〈말하기 및 쓰기 : 중국 명절 리플렛 카드 만들기〉
   평가 기준 제시 – 배운 내용 활용하기/1인 1역 협동하기
   순회 및 피드백 1) 적극적으로 참여하는 조 칭찬(관찰평가 반영)
                  2) 그림을 잘 그리는 아이의 장래 희망과 연계 칭찬(정의적)
6. 〈리플렛 카드 발표〉
   경청의 중요성 언급
   조별 발표 피드백 및 칭찬 – 단오절(안전교육 포함)
7. 〈자기평가 및 동료평가〉
   오늘 배운 내용 및 느낀 점
   나를 잘 도와준 친구/경청을 잘한 친구
8. 다음 차시 피드백 반영 의지

습을 유도하는 상황으로 수업을 설계해야 한다.

　다섯째, 평가가 평가로 그치는 것이 아니라 새로운 학습의 동기가 되고 새로운 배움이 일어날 수 있도록 수업을 설계해야 한다.

수업 나눔(경기 해당)

수업 나눔에 꼭 체크해야 할 포인트는 다음과 같다.

　첫째, 수업 나눔은 수업을 구성한 의도에 대해 설명할 수 있는 아주 짧지만 중요한 시간이다.

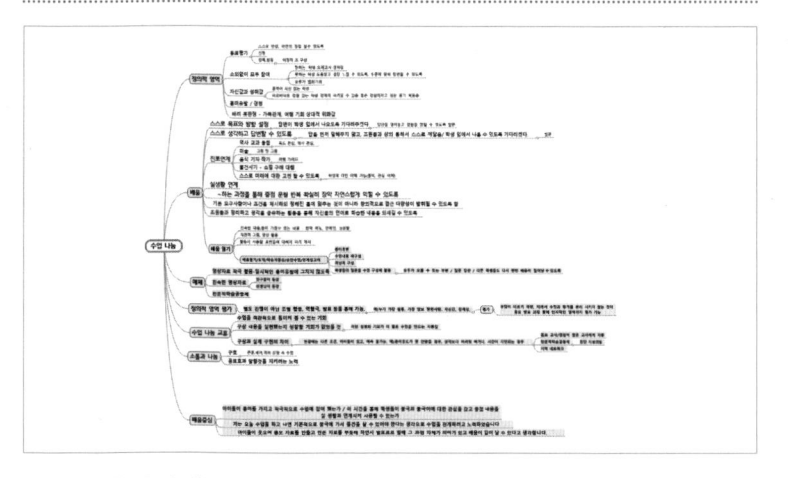

내가 사용한 수업 나눔 준비 자료

둘째, 수업 나눔만 잘해도 내 수업의 완성도는 높아질 수 있다.

셋째, 어떤 배려와 장치들로 아이들을 위한 수업이었는지를 잘 설명하는 것이 필요하다.

넷째, 정의적 영역을 고려한 수업임을 구체적인 예를 들어 설명한다.

심층면접,
이렇게 준비하라

○
●
○

임용 도전 첫해, 1점 차로 아깝게 최종 탈락의 고배를 마셨다. 재도전을 했던 다음 해에는 '1년이나 더 공부를 했으니 안정권으로 1차에 합격하겠지.' 하며 내심 나도 가족들도 잔뜩 기대를 했었는데, 기대를 심하게 저버리고 작년과 똑같이 커트라인에 아슬아슬하게 걸친 점수로 1차에 합격했다. 운이 좋다고 해야 하는지 나쁘다고 해야 하는지 판단하기 어려운 상황이긴 했지만, 나는 또 면접에서 수십 명을 제쳐야 합격할 수 있는 기로에 놓이게 되었다.

결과부터 말하자면 나는 면접에서 40등 뒤집기에 성공했다. 59등으로 필기시험에 합격했는데, 17등으로 최종 합격을 하고 그 등수에 맞춰서 지역 발령을 받았으니, 인간승리까지는 아니어도 면접으로 최종 성적을 꽤나 뒤집은 케이스였다. 그래서 정답은 아닐 테지만, 면접을 어려워하시는 독자에게 조금이나마 도움이 됐으면 하는 마음으로 나만의 노하우를 풀어보고자 한다.

'웃음' 뒤에 숨긴 '떨림'

나는 울렁증이 아주 심한 편이다. 대인기피까지는 아니더라도, 많은 사람 앞에서 이야기하거나 발표를 해야 할 때면 순식간에 송골송골 땀방울이 맺히고, 노래가 아닌 말하기에서도 바이브레이션을 자유자재로 섞을 수 있는 재능이 있다.

학창 시절 선생님께서 책 읽기나 발표를 시키면 너무 떨려 숨이 차서 끝까지 읽지 못한 적도 많았고, 대학교 조별 발표에서는 우황청심환을 먹고 발표를 해서 맨 앞에 앉아 계셨던 교수님께서 냄새가 진동을 한다고 뒷자리로 옮겨서 발표를 들으신 적도 있었다. 연습하면 좋아진다고들 하는데, 아무리 연습을 해도 내 울렁증은 좋아질 생각을 하지 않았다. 그래서 그냥 떨지 않는 것을 포기했다.

나의 목표는 바뀌었다. 떨지 않는 게 불가능하다면, '내가 지금 떨고 있다는 것이 티 나지 않도록 하자. 그래, 자연스럽게 떨어보는 거야.'

대학원 과제 발표 날이었다. 열심히 만든 PPT를 켜놓고 설명을 시작하려는데 어김없이 덜덜 떨리기 시작했다. 첫마디를 이렇게 시작해보았다. "유재석도 초보 리포터 시절에는 울렁증 때문에 실수를 연발하더니 멋쩍게 웃으며 죄송하다고 사과를 하더라고요. 저도 혹시 너무 떨려서 실수를 하게 되면, 초보 리포터 유재석처럼 웃으며 죄송하다고 사과하겠습니다. 참고 들어주신다면 나중에 여자 유재석을 볼 수 있게 되실지도 몰라요. 그럼 발표를 시작해보겠습니다."

교수님과 동기들이 호탕하게 웃어준 덕분에 조금은 덜 떨면서 발표를 잘 마무리할 수 있었다. 물론 쉽지 않다. 경직된 표정, 몸짓, 눈빛을 바꾸기가. 그럼에도 생긋생긋 웃으며 발표나 면접의 첫마디를 시작해본다면 조금은 안정을 찾은 나를 발견할 수 있을지도 모른다. 눈 밑 경련이 일어날 수는 있다. 염소처럼 목소리가 여전히 떨릴 수도 있다. 그래도 괜찮다. 자신감과 여유가 넘쳐서 웃는 건 아니지만, 웃다 보니 자신감과 여유가 생겨날 수도 있으니까. 나의 웃는 모습에 보는 사람들만 편해지는 건 아닌 것 같다. 나 역시 웃으면서 그 상황을 즐기게 될 수 있었다.

AI가 아닌 인간들이라
느끼는 인간미

'인간미'의 사전적 정의는 '인간다운 따뜻한 맛'이라고 한다. 학교에서 학생들이 준비한 발표를 듣고 있노라면, 어쩜 저렇게 자신감 넘치고 유창하게 할 수 있을까 하는 생각이 들 정도로 완벽한 발표를 하는 친구들이 있다. 그래서 정말 가끔 물어보기도 한다.

"○○야, 너는 발표하면 하나도 안 떨리니?"

"선생님, 저 엄청 떨었는데요?"

그 학생들의 노력이 참 대견스럽다. 그렇게 떨림에도 불구하고 자연스러워 보였던 발표 뒤에 숨은 노력이 적지 않음을 알기 때문이다. 그런데 간혹 준비도 열심히 했고 발표 내용도 좋은데 발표에는 자신이 없어 보이는 친구들이 있다. 그 친구들의 발표 시간은 유독 모두가 집중한다(몇 명쯤은 잡음을 넣어줘야 덜 긴장할 것도 같지만). 겉으로 표현하지는 않아도 사실 우리 모두 응원하고 있다. 끝까지 힘내서 발표를 무사히 마칠 수 있기를. 그리고 선생님인 나 역시 인간인지라 그 친구의 험난한 과정을 마음속으로 더 열심히 응원하게 된다. 그리고 이렇게 말해준다.

"괜찮아. 천천히 다시 해보렴."

면접에서 당당하게 준비한 모든 것을 쏟아내는 경우도 물론 있다. 그러나 대부분은 얼굴이 벌게져서 자신이 준비한 10분의 1도 발휘하지 못하고, '내가 왜 그랬을까, 그 질문에는 이렇게 답변했어야 했는데.' 하는 미련을 한가득 가지고 퇴장하기 마련이다.

면접관들은 무수히 많은 면접자들을 최대한 공정하게 평가하려고 노력할 것이다. 하지만 면접관은 기계가 아닌 인간이다. 적어도 아직까지는, 면접은 AI가 대체할 수 없는 일 중에 하나이기도 하다. 한 명의 완벽하지 않은 인간이 떨리지만 최선을 다하고 있는 모습, 수줍지만 당당해 보이려 노력하는 모습, 하얘진 머리를 부여잡고 정신을 집중하려는 모습에서 사람에 대한 따뜻한 느낌, 바로 인간미를 느낄 수 있는 것 아닐까?

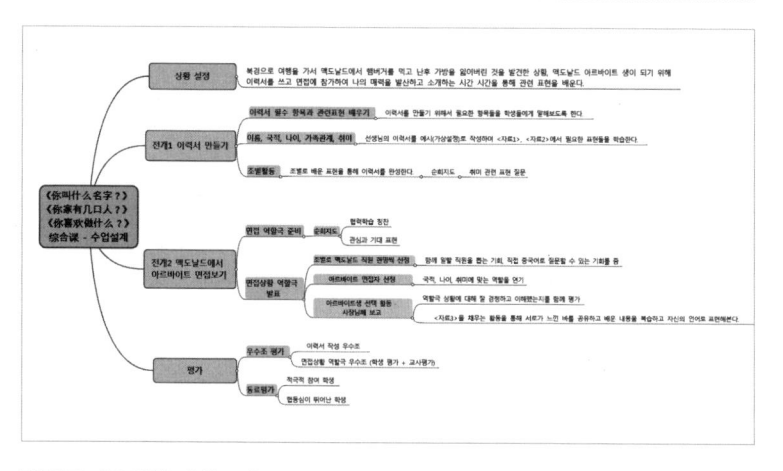

면접 준비를 위한 마인드맵

나 또한 떨리지만 나 나름의 최선을 다하고 있을 때 정말 따뜻한 눈빛으로 응원을 보내주는 면접관들이 있었다. 면접장에 들어가기 전까지는 면접에 나올 수 있는 내용을 최선을 다해 준비해야 한다. 그러나 내가 면접장에 들어선 순간 내가 할 수 있는 건, 최선을 다해서 인간미 넘치는 수험생이 되는 것뿐일지도 모른다.

내 머릿속의 그림

면접을 연습할 때 글로 써진 문장보다 도식화된 그림이 더 효과적일 때가 있다. 면접장에 들어가면 아무리 철저히 준비했다 해도 머릿속이 하얘지면서 말문이 막히고 '망했다'라는 생각과 함께 더 깊은 막말 혹은 침묵의 소용돌이에 빠지게 될 때가 있다.

그런 상황에서 나를 구해주는 것이 바로 내 머릿속에 존재하는 그림들이다. 마인드맵을 그리는 것인데, 큰 주제에 대해서 순서, 혹은 더 작은 주제별로 도식화해놓고 면접을 준비하는 것이다. 그렇게 되면 다음 순서나 다른 주제가 생각이 나지 않을 때 순간적으로 머리에 스치는 그림들이 있다. 처음에는 믿어지지 않겠지만, 도식화하고 면접을 연습하는 과정 속에서 아마 자연스럽게 느낄 수 있을 것이다. 짧은 면접 답변 구상 시간에도 큰 효과를 볼 수 있다.

점수를 얻으려는 노력보다
깎이지 않으려는 노력이 더 중요하다

이런 얘기를 들은 적이 있다. 면접관들도 수험자의 인생을 결정하는 중요한 시험이란 걸 알기 때문에 정말 최대한 점수를 깎고 싶지 않아 한다고. 그런데 깎지 않을 수는 없으니, 수험자 입장에서는 그걸 막는 게 점수를 얻는 비결이 되지 않을까?

따라서 답변의 질도 중요하지만, 요구 사항을 꼭 충족시키는 연습을 해야 한다. 예를 들어 3가지 방법을 이야기하라고 하면 양질의 2가지 방법을 답하기보다는 식상한 3가지 방법을 답하는 방법이 점수를 깎이지 않는 방법이 될 것이다.

곤란한 질문에는 식상한 답변이라도 해야 한다. 딱 알맞은 좋은 답변을 하지 못하더라도 누구나 다 할 수 있는 말 정도는 답변을 해야 많은 점수가 깎이지 않는다. 그렇게 식상한 답변이라도 하기 위해서는 자신만의 만능답변을 5개 정도는 준비해 가는 것이 좋다. 어디에나 끼워 넣을 수 있는 명언, 영웅담, 경험담 등을 준비해서 어떻게든 엮어서 답변을 하는 방법이다. 나 또한 준비한 만능답변을 탈탈 털어서 모두 답변하고 나왔던 기억이 있다. 꼭 기억하자. 아무 생각도 나지 않을 때, 내 입을 열어 답변을 시작할 수 있는 만능 키가 될 수도 있다.

"저 작년에 함께 집단토의 연습했던 사람인데요, 저 기억하세요? 기억 못 하셔도 좋아요. 저 좀 도와주세요."

재도전했던 두 번째 해에 커트라인으로 1차를 붙으면서 기쁨보다는 좌절에 빠졌다. '작년과 똑같은 상황(1차는 합격했지만 최종에서 떨어지는 아찔한 상황)이 되풀이될 수도 있겠구나.' 최종에서 두 번이나 탈락하게 되면 왠지 다시 도전할 용기도 나지 않을 것 같았다.

그래서 무슨 염치였는지는 모르겠지만, 전년도에 함께 면접을 연습할 때 눈여겨봐뒀던 작년 합격자의 연락처를 알아내 연락을 했다. 그리고는 나의 상황을 설명하고 도움을 요청했다. 자료도 요청하고 나의 면접 준비 상황을 점검받을 수 있는지도 함께 물었다.

사실 거절해도 이상할 것이 없는 상황이었다. 신규교사로 바쁜 하루하루를 보내고 있을 텐데, 잘 알지도 못하는 나를 도와준다고 자신에게 득이 될 것이 무엇이 있겠는가. 내가 이 시험에서 붙든 말든 사실 그 선생님의 인생에 무슨 변화가 있겠는가. 생각할수록 의아하고 감사하긴 하다. 단번에 선뜻 승낙을 해줬고, 나의 어려움과 절박함에 공감하며 정말 아무런 대가 없이 나만의 수호천사처럼 도움을 주었다.

면접은 혼자서 준비하기 어렵다. 학원을 다닌다 해도 면접관이 여러 명이 되어주기는 힘들다. 그래서 실제 합격자의 도움을 받는 것이 가장 좋다고 생각한다. 정말 바쁘고 여력이 없어서 도움을 주지 못하는 경우도 있겠지만, 나와 같은 상황에 처해봤고, 누구보다 지금 나의 상황을 이해하고, 그래서 쉽지 않지만 도움을 줄 수 있는 수호천사들이 분명 주변에 존재할 것이다. 도움을 청할 용기가 나지 않아서, 혹은 혼자서도 잘할 수 있을 거라는 생각으로 수호천사를 모실 기회를 놓친다면 더 빨리 합격할 수 있는 지름길을 다른 사람에게 양보하게 될지도 모르는 일이다.

면접 연습 요령

첫째, 반드시 동영상을 찍어서 내 표정, 말투, 자세, 시선을 점검하자. 수업 실연 연습에서는 수업에 방해가 되는 요소들을 찾아내서 고치고 필요한 부분을 넣으려고 노력한다. 이때 내가 찍은 영상을 강사나 합격한 현직교사에게 보여주고 도움을 받자. 부끄러워할 필요 없다. 내가 보지 못한 부분을 정확하게 짚어주고 도움을 받을 수 있다.

둘째, 이왕이면 밝게 웃으며, 이왕이면 당당하게 큰 목소리로 말하는 것이 좋다. 하지만 그렇게 하지 못한다고 스트레스를 받지는 말자. 세상에는 다양한 사람이 있다. 나만의 매력과 강점을 찾아서 보여주면 된다. 내용이 알차면 조용해도 강렬한 인상을 줄 수 있다.

셋째, 시험에 제시된 요소가 누락되지 않도록 반드시 확인하고, 시간 안에 완료할 수 있도록 연습한다. 시간이 남는 것은 감점 요소가 되지 않지만, 수업을 완료하지 못하거나 답변을 다 하지 못하고 시간 종료가 된다면 감점을 피해 가기 어렵다. 가장 기본이지만 가장 중요한 포인트다.

넷째, 나만의 한 방을 꼭 만들자. 수험생이 거의 비슷하게 수업을 진행한다. 감독관도 사람이라 의외의, 신선한, 남과는 다른 수업에 한 번 더 고개를 들어 귀 기울일 수 있다. 차별화된 수업 방법, 경험에서 우러나오는 구체적인 사례를 포함한 답변, 진심이 묻어나오는 교육철학 등은 나만의 무기로 작용할 수 있다.

평소에 내가 지원하는 시도교육청의 시책을 잘 살펴보고 교육 정책에도 관심을 가지는 것이 필요하다. 예를 들어 경기도에 지원하는 경우 경기도의 교육 정책과 주요 사업에 대해서 살펴보고 그것을 실제 학교 현장에서 어떤 방법으로 실천하고 있는지, 혹은 실천할 수 있는지에 대해서 생각해보는 것이 필요하다.

또 최근 교육 문제들과 교육 현장에서의 고민에 대해서 관심을 갖고 생각해보아야 한다. 앞으로 교육 현장에서 어떤 교사가 되어 이런 문제들에 접근할 것인지, 면접 준비를 위해서뿐만 아니라 앞으로 교육 현장에 서는 날을 위해서도 꼭 필요한 문제들이라고 생각한다.

구체적인 사례들을 많이 생각할수록 좋다. 두루뭉술하고 당연한 답변들보다 나만의 구체적인 방안이나 적용 사례를 풍부하게 마련해두자. 같은 맥락에서 면접의 답변에는 항상 '예를 들면'이라는 말이 빠짐없이 들어가야 한다. 예를 들면 '인성교육, 독서교육을 어떻게 할 것인가?' '수능이 끝난 기간 동안 고등학교 3학년 학생들을 지도하기 위한 방안은 무엇인가?' '동료 교사와의 갈등을 해결하기 위해서 어떻게 할 것인가?' 등은 실제 면접에서 나왔던 문제이고, 교사들도 늘 고민하는 문제이다.

임용시험 당일의 풍경들

○
●
○

1차 시험을 앞두고 나는 시험 보러 갈 때 가져갈 기본 준비물(수험표, 신분증, 검은 펜, 아날로그 손목시계, 간식, 물, 음료, 시험 전 훑어볼 정리 노트, 핫팩, 휴지)을 챙긴 뒤 최상의 컨디션을 위해 10시에 잠자리에 들었다. 평소에는 아이들과 함께 잤지만, 그날은 나 혼자 자면서 숙면을 취했다.

드디어 결전의 날. 실제로 짧은 시험시간에 모든 것이 결정난다. 그런데 그 시간 관리를 제대로 못해 대참사가 일어나는 경우도 적지 않다. 잘하려는 마음이 커서일 수도 있고, 유독 내가 모르는 문제가 나와 당황해서일 수도 있다. 하지만 아는 만큼, 공부한 만큼은 쏟아내고 나와야 할 것이 아닌가. 1년을 열심히 노력한 나에 대한 예의는 지켜야 하지 않겠는가.

그래서 시간 관리를 연습해야 한다. 실전에 맞는 연습을 하지 않아서 되돌릴 수 없는 실수를 저지르지 않도록, 최대한 시간을 잘 활용하는 연습을 해야 한다. 같은 고사장에서 교육학 개요를 너무 열심히 작성하다가 뒷면을 아예 한 글자도 채우지 못하고 제출하며 눈물을 흘리는 수험생을 봤다. 남 일 같지 않아서 마음이 좋지 않았다. 시간 안에 내가 할 수 있는 만큼 보여주는 것도 실력이다.

손목시계도 필수다. 시험장에는 시계가 없다. 손목시계를 챙기지 않으면 심리적으로 불안해 실력 발휘가 힘들 수도 있다. 배터리와 시간이 제대로 가는지 확인하는 것도 필수다.

또 학교에는 따뜻한 물이 없기 때문에 보온병에 따뜻한 물을 준비해야 하고, 미지근한 물도 따로 준비하는 것이 좋다. 커피나 음료를 챙겨 가서 마시기도 하고, 초콜릿이나 떡, 빵과 같은 간식을 챙겨 가서 중간중간 먹기도 했다.

필기구로는 애용하던 검은색 볼펜을 챙겨 갔다. 그런데 첫 번째 교육학 시간에 떨어뜨린 후 볼펜이 잘 나오지 않았다. 결국 필기구를 빌릴 수밖에 없었다. 미안했고, 당황하기도 했고, 익숙하지 않은 펜이라 여러 가지로 힘들었던 기억이 난다. 반드시 여분의 필기구를 챙겨야 한다.

최대한 편한 옷과 신발을 착용해야 한다. 춥다고 너무 두꺼운 옷을 입으면 시험 보다가 불편해서 후회하게 될 수도 있다. 얇은 옷을 여러 겹 껴 입고 벗을 수 있도록 하는 것이 좋다.

2차 시험을 본 시험장의 교실은 따뜻한 편이었는데, 긴장 때문에 손발이 시렸다. 핫팩을 챙긴 것이 많은 도움이 되었고 털부츠 같은 것을 신고 갔다가 차례가 되면 준비해 온 구두로 갈아 신으면 좋다. 나도 어그부츠를 신고 가서 내 차례가 되었을 때 갈아 신었다. 치마를 입은 사람들은 무릎담요를 챙겨 온 경우가 많았고, 생각보다 출출해서 초콜릿이나 견과류를 틈틈이 먹었다. 마지막 번호를 뽑아 점심도 먹고 간식도 먹고 고사장에서 5시에 겨우 탈출할 수 있었다. 집에 돌아오니 7시가 넘었고, 너무 피곤해서 다음 면접 준비는 하나도 못 하고 잠이 들었다.

교실 진행 감독관은 두 분인데 굉장히 친절하시고 배려를 많이 해주셨다. 특히 30명이 한 교실에 있는데, 화장실에 갈 때마다 감독관이 일일이 동행하다 보니 화장실에 간다고 손들기가 죄송할 정도였다.

수험표 검사를 하고 휴대전화를 봉투에 넣고 이름과 수험번호를 적어 내면서 관리번호를 뽑는다. 관리번호는 패찰을 한 군데 섞어서 뽑는 형식인데 11고사실부터 13고사실까지 1~11번 혹은 12번까지 뽑았다. 나는 11번을 뽑아서 수업 실연 마지막 순서였다. 차례를 기다리는 동안 아무것도 할 수 없기에 너무 지치고 힘들었다. 게

다가 오후 늦게 끝나면 다음 날 면접을 준비할 시간도 없기에 수업 실연만큼은 앞 번호를 뽑는 것이 좋다. 하지만 이 또한 뜻대로 되는 것이 아니므로, 그냥 받아들이고 그 상황에 맞춰서 최선을 다하는 수밖에.

수험번호 순서대로 앉아 있다가 관리번호를 뽑고 나서는 관리번호 순서대로 앉아서 순서를 기다린다. 그때부터는 교실 앞쪽으로 모든 가방과 소지품을 정리해서 내놓고, 아무것도 볼 수 없고, 아무것도 적을 수 없는 상태로 본인 순서를 기다린다.

1번부터 6번까지는 점심시간 전에 수업 실연을 하게 되고 9시에 시작하여 12시 35분에 오전 순서가 끝난다. 12시 35분부터 점심시간이고 각자 자리에서 싸 온 음식을 먹을 수 있다. 이 시간에도 프린트는 볼 수 없으나 자유롭게 화장실을 가거나 양치를 할 수는 있다. 그리고 13시 30분에 7번부터 다시 시작하게 된다.

옷차림은 전에는 흰 블라우스에 검은색 투피스 정장을 입는 분위기가 압도적이었다고 들었는데, 전반적으로 다양한 스타일의 복장이어서 좀 놀랐다. 원피스를 입은 사람이 가장 많았다. 검은색, 회색, 와인색, 곤색은 물론이고, 흰색, 핑크색 등 굉장히 다양했다. 그리고 조끼 원피스 스타일이나 바지정장을 입은 사람도 많았다. 과하지 않는 귀걸이와 목걸이도 많이 착용했고, 머리는 단발머리, 묶은 머리, 긴 머리를 풀고 온 사람까지 역시나 다양했다.

대기실은 5층에 있었고, 5분 동안 5층에 있는 구상실로 이동했다. 구상실에는 4명 혹은 5명이 함께 들어가서 25분 동안 구상을 했다. 겉옷을 입고 들어갈 수 있으니 교실 안이 춥지는 않지만, 긴장하는 것을 감안하면 겉옷을 입고 들어가는 것이 좋을 것 같다.

필기도구는 본인이 잘 챙겨야 하고 중요한 것을 나눠서 표시하기 위해서는 반드시 색깔 펜을 준비하는 것이 좋다. B4 크기의 문제지 뒷면에는 지도안이 나오는데, 그곳에 본인의 구상을 적어야 한다. 수업 실연 교실에 들어가면 교탁 옆에 의자가 있다고 들었는데 막상 들어가 보니 없어서, 서 있다가 종이 울리고 나서 수업 실연을 시작했다. 15분이 되면 벨이 울리고, 그 이후에 1분 쉬었다가 9분 동안 수업 나눔을 하면 된다. 끝나면 문제를 포함한 구상지까지 제출하고 뒷문으로 나오면 된다.

수업 나눔을 시작하면 감독관이 오른쪽부터 한 명씩 돌아가면서 한 문제씩 읽어준다. 시계가 테이블 가운데에 놓여 있어서 보면서 답변하면 된다. 실연을 마치고 정신이 하나도 없는 상태에서 수업 나눔을 10분 동안 말하기란 정말 쉬운 일이 아니다. 횡설수설하게도 되고, 내가 뭐라고 말하고 있는지 모르겠는 지경에 이르기도 한다. 하지만 나는 한 문제당 3분씩 9분을 꽉 채워서 최대한 수업 나눔 시간을 알차게 활용하려고 노력했다. 떨리지만 당당하게, 당당하지만 겸손하게, 끝까지 최선을 다해서.

분필이 놓여 있는 고사장도 있지만 내가 들어간 곳은 칠판 아래 물백묵이 놓여 있었다. 4개 정도였고 다행히 잘 나오긴 했다. 그런데 긴장해서 그런지 색깔 분별이 어려웠다. 또 수업 실연에서 시간이 남았다는 수험생은 본 적이 없다. 시간 안에 완성도 있는 수업을 하는 것을 목표로 하자.

두 번째 날 2차 고사장은 첫날 수업 실연과 비슷한 분위기였는데, 첫날은 관리번호를 수험번호 앞부터 뽑았는데, 둘째 날은 수험번호 뒤부터 뽑았다는 점 정도가 달랐다.

5층 대기실에서 4층 구상실로 내려가고 복도에 짐을 내려놓은 뒤 필기도구만 들고 구상실에 들어갔다. 들어가니 흰 종이가 뒤집혀 있었는데, 시간이 되면 앞으로 뒤집어서 구상을 시작할 수 있었다. 구상형 두 문항은 중국어 문항이었고, 지문의 길이는 5~6줄 정도였다. 구상이 끝나면 평가실로 이동한다. 평가실에서 종이 치면 답변을 시작하면 되고, 중국어 답변 두 문항을 끝내면, 한국어로 된 문제를 읽고 답변하라고 한다. 문항을 본인이 직접 읽고 답변하고 즉답형 문항의 답변이 끝나면 '자기성장소개서' 추가 질문을 하나 더 하고 답변이 끝나면 문제를 제출하고 퇴실하게 된다.

집단토의 시간에는 평가실에 관리번호 순서대로 들어간다. 1번~6번까지 A조 / 7번~11 혹은 12번까지 B조가 되어서 A조는 9시 30분부터, B조는 11시부터 진행한다. 같은 조에 면접 강의를 함께 들었던 분들이 많아서 서로 조금 더 편한 분위기에서 토의를 진행할 수 있었다. 기조 발언은 1분씩, 정리 발언 1분씩, 중간에 자율토의 30분 중에 6분 남았을 때 감독관이 알려준다.

집단토의는 개인 면접이 아니다. '집단'이고 '토의'라는 것을 반드시 명심해야 한다. 함께 집단지성을 발휘해서 더 좋은 대안을 만들고 함께 더 성장하는 토의가 목표다. 나만의 생각과 의견을 강조하기보다는 다른 분들의 의견을 경청하고 그 의견에 덧붙이는 발언이나 좀 더 구체적인 사례를 말하면서 전체적인 토의의 질을 높인다고 생각하면 쉽다. 나는 다른 사람의 의견을 경청하고 있고, 교육 현장에서도 잘 어울릴 수 있는 사람이라는 것을 어필하는 것이 중요하다.

마지막으로 함께 토의하는 6명 중에서 강한 인상을 남기고 매력을 어필하기 위해서는 아는 지식을 나열하거나, 식상하고 당연한 이야기를 하는 것이 아니라 나만이 생각할 수 있는 구체적인 사례, 특히 그 사례나 예시의 명칭을 정해서 말하는 것이 도움이 된다.

엄마인 당신의 소중한 꿈, 만개하라

출판사에서 연락이 왔다. 편집회의에 모인 편집부원이 우연의 일치라 단정하기에는 신기할 정도로 모두 아이들을 둔 엄마 편집자분들이라고 하셨고, 모두가 꼭 책으로 만들어보고 싶은 우리(엄마들)를 위한 책이라고 의견을 모았다고 하셨다. 그리고는 꼭 함께 작업했으면 좋겠다는 말과 함께 출간 제의를 주셨다.

경험도 없는 초보 작가에게 이런 감사한 기회를 준 것만으로도 황송한데, 책을 집필하는 동안 세심하게 신경 써주시고 칭찬을 아끼지 않으며 마치 유명 작가가 된 착각마저 들 정도로 즐겁게 책 작업을 했던 것 같다.

이 책은 그저 배움에 도전적인 내가, 글쓰기에 대해 좀 더 배워

보고 싶은 마음으로 신청한 연수에서 시작되었다. 연수의 결과물로 원고가 완성되었고, 이렇게 끄적끄적 종이에 쏘아 올린 작은 공이 책으로 엮어져 세상에 나오게 되었다. 아직도 신기하고 실감이 나지 않는다.

모든 도전의 시작은 설레지만, 모든 과정 속에 즐겁고 신나는 일만 있지는 않다. 나 역시 시작할 때의 마음과는 다르게 준비되지 않은 몸과 마음에 속도를 더하니 숨이 가빠왔다. 생각이 많아지면서 포기하고 싶기도 하고 '정말 과연 내가 할 수 있을까?'라는 질문과 함께 역시 세상에 쉬운 일은 없다는 절대불변의 진리에 부딪히기도 했다.

공부도 육아도 생각이 많아지면 두려움이 설렘을 덮어버리게 된다. 글을 쓰는 일도 그랬다. 그래서 많은 생각은 하지 않기로 했다. 그때도 그랬듯 지금도 그저 '지금'을 최선을 다해 충실하게 보낼 뿐이다. 그러면 그런 '지금'이 쌓여 또 다른 기회로 연결된다. 이 책 역시 그런 충실히 보낸 '지금'이 쌓여 만든 결과물이고, 당신의 '지금'을 응원하는 메시지이다.

교사가 되어 아이들을 가르치다 보니, 나는 한 반에서 하나의 수업을 하지만 아이들은 저마다 다른 방식으로 나의 수업을 받아들이고 이해한다. 하나의 수업에서 30개의 배움이 일어나는 것이다. 이 책 역시 그럴 것이라 믿는다. 나의 하나의 이야기가 저마다 다른 시선으로 해석되어 누군가에게는 '나와 같은 상황이네.'라는 위로의 말이 되고, 누군가에게는 '나도 할 수 있을 것 같아.'라는 시작의 씨앗이 되고, 누군가에게는 '이런 방법이 있구나.'라는 비법이 될 것이다. 나와 같은 엄마들의 소중한 꿈이 저마다 다른 상황에서 저마다 다른 꽃으로 만개하길 간절히 희망한다.

세상 모든 엄마가 아이의 행복을 바란다. 하지만 그 전에 엄마가 행복해야 아이들도 행복할 수 있다. 내 아이의 행복을 나중으로 미루는 엄마는 없다. 그러니 엄마인 나의 행복도 나중으로 미루지 않았으면 한다.

꿈을 향한 도전에, 시작을 향한 용기에, '엄마는 그러지 못했지만, 너희들은'이 아니라, '엄마도 그랬으니, 너희들도'라고 말해줄 수 있는 엄마가 될 수 있었으면 한다. 나도, 그리고 당신도.

엄마 도전의 시작을 돕는
추천 사이트 Best 10

적성을 고려해보세요.

시대의 흐름도 중요하다. 그러나 내가 정말 무엇을 해야 잘할 수 있고, 조금이라도 더 즐기며 할 수 있는지를 알아보는 과정은 훨씬 더 중요하다. 그렇지 않으면 더 빨리 지치고, 내가 일하는 의미를 찾기 힘들 수 있다.

1. 한국직업능력개발원의 커리어넷 www.career.go.kr

자신을 이해하는 데 도움이 되는 진로심리검사는 진로 의사결정에 유용한 정보를 제공하기도 하고, 직업정보 및 학과정보를 보며 도움을 받을 수도 있다. 자신이 검사한 내용을 토대로 상담 신청도 가능하다.

2. 한국고용정보원의 워크넷 www.work.go.kr

총 20종(청소년 8종, 성인 대상 12종)의 직업심리검사, 세상의 (거의) 모든 직업과 대학의 다양한 학과에 대한 검색이 가능하고, 대상별, 이색, 테마별 직업 소개와 함께 진로, 취업에 대한 상담도 가능하다. 다양한 채용정보, 지원받을 수 있는 다양한 정책들을 확인할 수도 있다.

자격증과 면허증에 도전하세요.

단절된 경력기간을 채울 수 있는 것은 내 이력서를 채워줄 수 있는 자격증, 면허증들이다. 자격증은 필요한 능력을 갖추고 있다는 것을 인정해주는 증서이고, 면허증은 특정 분야에서 일을 할 수 있다는 공식적인 자격을 허가한 것이고, 자격증은 국가가 발급하는 국가자격과 민간에서 발급하는 민간자격으로 나뉜다.

3. 자격증정보지원센터 http://www.licenseinfo.kr

민간자격증, 국가공인자격증은 물론 방과후지도사, 공무원, 학점은행제, 관련 교재와 기출문제까지 자세히 안내해주는 사이트이다. 자격증에 관련한 모든 상담은 무료로 진행되고 있으며, 엄마들이 관심을 많이 갖는 방과후지도사에 대해서도 자세히 안내되어 있다.

4. 큐넷 www.q-net.or.kr

기술자격시험 및 전문자격시험의 원서접수와 합격자/답안 발표, 자격증 신청 그리고 시험일정안내까지 확인할 수 있는 사이트이다. 자격정보와 응시자격도 더불어 확인할 수 있다.

5. 민간자격 정보 서비스 www.pqi.or.kr

민간자격은 개인, 법인, 단체 등의 민간에서 관리·운영하는 자격증으로 주부들이 취득하는 경우가 많다. 하지만 무분별한 자격증 취득은 시간 낭비와 비용 낭비가 될 수 있으니 유의해야 한다.

취업 사이트를 잘 활용해봅시다.

엄마들은 취업에 대한 정보가 부족하니 어떻게 취업을 준비해야 할지 잘 모르고, 어떤 지원을 받을 수 있는지 잘 모르지만 알아볼 시간도 많이 부족할 것이다. 다음은 도움을 받을 수 있는 취업 사이트이다.

6. 여성새로일하기센터 saeil.mogef.go.kr

여성가족부와 고용노동부가 공동으로 지정·운영하고 있으며, 현재 전국적으로 158개소가 있다. 육아나 가사 등으로 경력이 단절된 여성들에게 직업 상담, 구인·구직 관리, 직업 교육, 인턴십, 취업과 창업 지원, 취업 후 사후 관리 등을 종합적으로 지원하고 있다. 해당 지역 인근 여성새로일하기센터(1544-1199)를 통해 신청하거나 여성새로일하기센터 누리집에서 온라인으로도 신청할 수 있다.

7. 꿈날개 www.dream.go.kr

경기도일자리재단과 여성가족부가 운영하는 온라인 취업 지원 서비스로, 온라인 무료 교육, 자격증 취득, 취업 상담 서비스, 직장 적응 상담 서비스 등 구직자를 위한 서비스와 예비 창업자를 위한 창업 적성검사, 재직자를 위한 직장 적응 서비스 등을 제공한다. 각종 자격증과 외국어 교육 등은 물론, 창업 강의도 무료로 수강할 수 있다. 400여 개의 인터넷 강의가 준비돼 있고, 회원 수 40만 명이 넘는 경기도 대표 취업 지원 사이트라고 할 수 있다.

8. 직업훈련포털 www.hrd.go.kr

취업하고자 하는 구직자에게 훈련비를 지원해 직무 능력 교육을 받고 취업할 수 있도록 돕는 제도이다. 1인당 연 최대 200만 원까지 훈련비를 지원하며 최대 11만 6,000원까지 훈련 장려금을 지원한다. 워크넷에서 구직 신청을 한 후, 고용센터에서 직업 상담을 받고 카드 발급을 신청하면 된다. 훈련을 받은 후 취업이나 창업 상태를 일정 기간 이상 유지하면 자비 부담금을 전액 환불 받을 수 있다.

9. 꿈마루 www.dreammaru.or.kr

경기도 여성이라면 누구나 이용할 수 있는 창업 공간으로 경기도일자리재단 이 여성의 창업 의욕을 독려하기 위해 설립했다. 경기도 전역에 총 5개소가 개설돼 있고, 공용 사무 공간, 회의용 미팅룸, 사무기기를 갖춘 것은 물론 상주하는 창업 전문 매니저의 창업 상담 등 다양한 창업 지원을 받을 수 있다.

인력개발센터, 각종 문화센터도 활용해보세요.

자격증 전문 학원은 아니더라도 저렴하고 가까운 곳에서 강의를 들을 수 있다.

10. (사)한국여성인력개발센터연합 www.vocation.or.kr

육아로 인해 경력이 단절된 경우 나의 업무 능력을 입증하기가 어렵다. 전문 학원이 아니더라도 저렴한 가격에 강의를 들을 수 있는 곳이 있다. 여성인력 개발센터는 전국 50여 개 도시에 설립되어 있으며, 교육 지원에서 취업 지원 까지 여성들의 자립을 돕고 있다. 컴퓨터 프로그램 활용 영역, 언어 영역, 자격 증 과정 등 다양한 강좌가 마련돼 있는데 센터마다 프로그램 스케줄이 다르므 로 매월 초에 인터넷을 통해 확인해야 한다.

나는 공부하는 엄마다

© 전윤희, 2021

초판 1쇄 인쇄일 2021년 1월 4일
초판 1쇄 발행일 2021년 1월 12일

지은이   전윤희
펴낸이   강병철
주간   배주영
기획편집   박진희 권도민 손창민 이현지
디자인   서은영 김혜원
마케팅   이재욱 최금순 오세미 김하은 김경록 천옥현
제작   홍동근

펴낸곳   이지북
출판등록   1997년 11월 15일 제105-09-06199호
주소   (04047) 서울시 마포구 양화로6길 49
전화   편집부 (02)324-2347, 경영지원부 (02)325-6047
팩스   편집부 (02)324-2348, 경영지원부 (02)2648-1311
이메일   ezbook@jamobook.com

ISBN 978-89-5707-882-2 (13370)